오래된 운명의 숲을 지나다

오래된 운명의 숲을 지나다

조선의 운명담과 운명론

류정월 지음

이숲

대나무처럼 치켜 올라간 운명선 두 줄과
멀리 휘돌아 내린 생명선
잔금 많은 손바닥 어디쯤
맨발로 헤매던 안개 낀 진창길과
호랑가시나무 뒤엉켰던 시간 새겨져 있을까
잠시 동행했던 그리운 발자국
풍화된 비문처럼 아직 남아 있을까

- 이영혜, 「손금 보는 밤」 중에서

| 들어가는 말 |

신의 영역, 인간의 영역

10년 전, 당신은 무엇을 하고 있었는가?

그때나 지금이나 변함없는 사람도 있겠지만, 몰라보게 달라진 삶을 사는 사람도 있을 것이다. 10년 전, 그러니까 1999년 혹은 2000년으로 돌아가 보자.

무더위가 기승을 부리던 지난 8월 한 달 동안 15개의 홈런을 몰아치고 38타점을 올린 괴력으로 야구팬들을 놀라게 한 김상현은 10년 전, 집안 형편이 어려워 계약금 이천만 원, 연봉 천팔백만 원이라는 헐값에 프로 입단을 결정했다.

「브리티시 갓 탤런트British Got Talent」에서 우승하고 일약 세계적인 스타가 된 오페라 가수 폴 포츠Paul Potts도 같은 시기에 레슨비와 생계비를 버느라 고군분투하고 있었을 것이다.

레스토랑 사업가로 성공한 홍석천 역시 2000년 커밍아웃 이후 악플에 시달리며 영영 한국을 떠날 생각을 했다고 한다.

천만이 넘는 관객 동원으로 대박이 난 영화 「해운대」의 감독 윤제균은 10여 년 전 IMF 구제금융 시기에 샐러리맨이었고 직장에서 한 달간 무급휴가를 받았지만, 해외여행은커녕 술 한잔할 돈마저 아쉬워서 방 구석에 틀어박힌 채 시나리오를 썼다.

이들의 이야기는 인생의 어려운 고비를 넘어가면서도 꿈을 잃지 않은 많은 이에게 희망을 전하기에 딱 좋은 모범 사례이다. 이들을 희망의 전범으로 말하는 사람들은 이들의 내적 강인함과 인내심, 끊임없는 노력을 강조한다. 나 역시 이들의 성공이 세상을 조금 더 살 만한 곳으로 만드는 데 일조했다고 생각한다. 그러나 한편으로는 궁금하다. 이들이 늘 꿈을 잃지 않았고, 늘 노력했다면 왜 이제야 성공에 도달한 것일까? 지금 이 순간, 성공을 향해 달려가는 수많은 사람도 10년 후에는 이들처럼 몰라보게 달라진 자신의 모습을 발견하게 된다는 말일까?

물론, 세상은 그렇게 호락호락하지 않다. 현재를 살아가는 사람들의 다양한 모습을 성공과 실패로 구분하고 싶지는 않지만, 만약 성공과 실패라는 단적인 예만 가지고 따진다고 해도, 결과가 노력에 정확히 비례해서 나타나지 않는다는 것을 알 수 있다. 그뿐만 아니라 성공과 실패가 가시화하는 시점은 사람마다 불규칙하며 그마저도 불분명하다. 그렇다면, 김상현, 폴 포츠, 홍석천, 윤제균의 현재는 그들의 의지와 노력 외에 다른 어떤 것의 영향을 받은 것은 아닐까? 10년 전은 누추했지만, 10년 후 이들의 인생이 눈부시게 빛날 것이라는, 미리 짜놓은 '각본' 같은 것이 있었던 것은 아닐까?

나는 주변의 평범한 사람들을 관찰하면서도 이 각본의 존재를 실감한다.

지방대를 나와 어렵게 중소기업에 취직했던 어떤 이는 회사가 흡수합병되면서 이제 내로라하는 외국계 기업의 명함을 들고 다닌다. 내가 아는 남녀 선배 두 사람은 우연히 만나 맥주를 마시면서 한 프로구단의 선발투수에 대한 호감을 서로 확인하더니 마음이 통하여 부부가 되었다. 우연히 샀던 가게 한 칸으로 큰 부자가 된 이웃의 이야기나 우연히 섰던 빚보증으로 살림 밑천까지 홀랑 날린 친척의 이야기도 들린다.

이렇게 과거에 나를 스쳐간 사람들, 지금 나와 함께하는 사람들, 그리고 그들을 통해 알게 된 또 다른 사람들이 겪은 사소하고 우연한 사건들의 연쇄와 그 결말을 추적하다 보면 놀라운 결과에 이를 때가 있다. 이 책은 내 주변 사람들의 겪은 '소소한' 사건들과 그 '위대한' 결과를 지켜보던 내 관심사에서 비롯되었다.

그렇다고 해서 나는 주변 사람들의 이야기를 쓸 수는 없었다. 사생활 노출에 대해 일일이 양해를 구해야 하는 번거로움도 있지만, 아직 진행 중인 사건도 상당 부분 있기 때문이다. 나는 각본에 따라 실현되는 소소한 사건들과 그 사건들의 결말을 언급하면서도 구차하게 양해를 구하지 않아도 되는 이야기가 필요했다. 운 좋게도, 나는 그런 것을 많이 알고 있었다. 그것은 '운명'을 말하는 동·서양의 다양한 이야기였다.

누군가가 점술가를 찾아가는 상황처럼 운명을 들먹이게 되는 상투적인 장면 하나를 상상해 보자. 우리는 그가 점에 '중독'된 사람이 아닌 한, 중요한 결정을 앞두고 있거나 심각한 문제에 봉착했으리라 짐작한다. 점술가에게 묻거나 점술가가 답한 내용에는 그의 가장 주된 관심사가 드러나게 마련이다. 그의 사업은 엄청난 규모의 부도 직전에 몰렸고, 심지어 자살을 생각하는 절망적인 상태에 놓였다 치자. 점술가는 그에게 이렇게 말한다.

"당신은 마누라의 악운 때문에 그 모양이 된 거야. 그 여자 때문에 사업도 파탄이 나고, 하는 일마다 안 되는 거야. 당신이 살려면 당장 헤어져야 해. 그러면 사업도 잘 돌아가고 부도 문제도 저절로 해결될 거야."
자, 이런 상황에서 그는 어떻게 해야 할까? 지금 절체절명의 위기에 놓였으니 비록 십여 년을 함께 살아온 아내지만 일단 내치고 볼까?

여기서부터 사정이 복잡해진다. 삶에 점술가가 끼어드는 시점부터 인간의 자유의지는 심문받고, 침해당하기 때문이다. 그래서 운명을 이야기하는 것은 신(하늘)의 영역과 인간의 영역에 대해 이야기하는 것이기도 하다. 신이 쓰는 각본이 아주 세부적이고 이미 결말까지 난 것이라면 인간이 할 수 있는 일은 별로 없다. 그러나 그것이 그다지 구체적인 것도, 완성된 것도 아니라면 삶의 구석구석을 보듬고 해피엔딩을 만들어 가는 일은 상당 부분 인간의 몫이 된다. 나는 신이 쓰는 각본의 구체성과 완성도를 따져보고 싶었다.

  그 작업은 세 단계에 걸쳐 이루어진다. 먼저 나는 운명론으로 인식되는 각본의 존재가 특수한 경우만은 아니라는 사실을 설명했다.

  만화영화 「은하철도 999」에서 시간의 여왕은 철수에게 매텔을 위해 그의 자유를 한 번 포기해야 할 운명이라고 말한다.

  드라마 「선덕여왕」에서는 '어출쌍생御出雙生이면 성골남진聖骨男盡'이라는 예언 때문에 왕이 낳은 여아女兒 쌍둥이 중 한 명이 버려진다.

  만화 「풀 하우스」에서 여주인공이 파티장에서 만난 기인奇人은 그녀의 손금을 봐주며 곧 새롭고 강력한 사랑이 시작되리라고 말한다.

  기욤 뮈소의 소설 『사랑을 찾아 돌아오다』에서 택시기사는 책의 66쪽을 읽고 있어도 67쪽과 68쪽은 이미 쓰여 있는 것처럼 자기 아들의 죽음도 정해진 일이었다고 말한다.

  모든 사람의 운명이 마치 거미줄처럼 복잡하고 정교하게 짜여 있는 이 세상은 운명에 대한 예언으로 무성하다. 그리고 이런 예언은 단지 드라마나 만화, 소설 속 허구로만 존재하지 않는다.

이명박 대통령은 후보 시절, 텔레비전 정치 광고에서 자신은 1941년 12월 19일에 태어났고, 1970년 12월 19일에 결혼했으니, 2007년 12월 19일 대통령선거에서 국민과 새로운 인연을 맺으리라고 암시했다. 그리고 그는 정말 그날 대선에서 승리하여 17대 대통령이 되었다.

'인왕산 아래에 왕기王氣가 있다.'라는 말에 바짝 긴장한 광해군은 그곳에 살던 정원군의 땅을 빼앗아 경덕궁(慶德宮; 지금의 경희궁)을 짓기도 했지만, 결국 반정이 일어나 정원군의 아들 능양군(綾揚君; 인조仁祖, 1595~1649)에게 왕위를 빼앗겼다. 나는 이처럼 우리 인간의 삶에서 이미 쓰여 있는 각본이 두각을 드러내는 순간을 이 책의 1부 '운명의 존재'에서 조명하고자 했다.

비록 각본이 어디에나 있다 하더라도 이 각본에 대한 믿음에는 위험이 따른다. 운명론을 믿는 것은 어리석은 부녀자들이나 비합리적인 사람들의 몫이라고 생각하던 시절이 있었다. 아니, 그런 생각은 지금도 여전한 것처럼 보인다. 그래서인지 운명에 대한 담론은 독자적 학문 영역을 구축하지 못하였으며 학문적으로 다루어진다 해도 부수적이고 참고적인 요소 정도로 치부되기 일쑤였다. 그러나 나는 합리와 비합리, 미신과 종교의 구분이 매우 모호하다고 생각한다. 오늘날 우리가 가장 정교하고 체계적으로 진화한 믿음으로 간주하는 기독교의 신자들도 위기가 닥치면 성경을 펴고, 거기 나오는 한 구절이 실제로 자신을 위기에서 구해주리라고 믿는다. 그런가 하면, 『주역周易』의 「계사전繫辭傳」에서는 점이 수數를 극진하게 셈하여 닥칠 일을 알아내는 것"이라고 정의한다. 점의 원리가 수의 원리를 지탱하고 있음을 시사하는 대목이다. 나는 이 책의 2부 '운명의 인식'에서 이미 쓰여 있는 각본을 소통하고 해석하는 것이 어떻게 독자적인 합리성을 구성하고 담보하는가 하는 문제를 주로 다루었다.

마지막으로, 나는 어디에나 있고 합리적인 구석도 있는 이 각본의 존재가 우리에게 과연 어떤 영향을 끼치는가에 대해 이야기하고자 했다.
천방지축으로 지내던 대학시절, 나는 일 년에 하루는 반드시 벌건 대낮에도 귀가해야 했다. 그날은 정월 초, 신년 재수굿을 하는 날이었다. 우리 삼 형제는 일찍 집에 돌아와 목욕재계하고 굿상을 차리신 어머니 옆에 앉아 무당 할머니의 공수를 들어야 했다. 어느 해던가. 생김새는 여느 할머니와 다를 바 없지만, 눈빛만은 형형했던 그 무당 할머니는 나에게 책상에 산더미처럼 책을 쌓아 놓고 뭔가를 하게 되리라 말씀하셨다. 그 예언이 맞았는지, 나는 지금 책 속에 파묻혀 이 글을 쓰고 있다.

---

1) 이이화, 『한국사 이야기 14, 놀이와 풍속의 사회사』, 한길사, 2001, 327-328면.

그러나 가장 기억에 남는 것은 이런 소소한 할머니의 예언이나 그 결과가 아니다. 할머니는 마치 홀로 섬에 떨어진 사람처럼 지내던 내 상황을 알아채셨고, 또 세상을 살아가면서 돈만 좇아서는 안 된다는 따끔한 충고도 주셨다. 이런 훈화는 할머니 개인의 가르침이 아니라 조상이 내리는 공수라는 형식으로 전해졌다. 미리 정해진 각본의 내용을 알게 되면서 나는 현재 나의 처지에 위안을 얻기도 하고, 내가 선택할 일의 가치에 대해 진지하게 고민하기도 했다. 각본의 의의는 정확성이 아니라 심리적 기능에 있다. 나는 이 책의 3부 '운명의 가치'에 각본의 활용과 유효성에 대한 고민을 담았다.

　내가 다룬 운명에 관한 이야기 중에서 가장 의미 있는 자료는 조선시대의 운명설화이다. 조선시대 사람들이 운명에 대해 어떻게 생각했는가를 살펴본 설문조사 같은 것은 없지만, 운명이란 것이 실제로 존재하는지 집중적으로 사고하고 결과물을 남긴 사람들은 있었다. 그들은 대부분 현인과 양반들이었다. 그러나 평범한 조선인들이 믿었던 운명론은 논리적이고 완결된 글의 형태로 남아 있지 않다. 그것을 추론할 수 있는 가장 좋은 자료가 바로 이야기이다.

　우리는 이야기를 통해 그들이 직접 말로 표현하지 않았던 것도 읽을 수 있다. 가령, 대부분 서로 비슷비슷한 운명설화의 구조를 보면, 문제가 발생하고, 그것을 풀고자 점을 보고, 점괘대로 일이 풀려 결국은 문제가 해결된다는 식으로 줄거리가 전개된다. 이런 식의 전개는 매우 매끄럽고 속도감이 있다. 왜 그럴까? 그리스 시대 신탁을 받은 인간은 대개 신탁의 충고를 전부 알아들을 만큼 현명하지 않았다. 따라서 그는 신탁을 받고 나서도 신탁을 받기 전처럼 다시 '홀로 남아' 어떻게 행동할 것인지 스스로 결정해야 했다.² 그런데 이 '홀로 남는 지점', 실존적 지점이 운명설화에는 없다. 조선시대 운명설화는 예언의 내용과 결과에만 집중한다. 나는 여기서 하늘과 인간 사이 소통의 가능성에 대한 어떤 단초를 읽는다. 그들은 하늘과 인간이 별 어려움 없이 비교적 수월하게 소통할 수 있다고 믿었다.

나는 추론의 과정에서 조선시대 운명담뿐만 아니라, 그리스 신화, 영화와 소설, 오늘날 세간에 회자되는 이야기까지 다양하게 끌어들였다. 때로는 그들 텍스트에 매료되어 잠시 샛길로 들어서기도 했다. 이처럼 이 책에는 현대와 과거, 서양과 동양의 텍스트가 뒤섞여 있는데, 그것은 조선 사람들이 가졌던, 혹은 가졌다고 믿었던 각본에 대해 자유롭

---

2) 베티 폰햄 라이스 저, 김대웅 역, 『여신들로 본 그리스 로마 신화』, 두레, 2007, 465면.

게 사고한 흔적으로 읽혔으면 좋겠다.

　이 책을 쓰는 동안 조선시대의 운명설화만이 아니라 그리스 신화, 동양 신화, 역사와 철학 등 여러 분야에서 길을 내신 학자들의 도움을 받았다. 그 길이 있었기에 내가 걷는 길은 조금 수월할 수 있었다. 내가 이 길에 발자국을 남긴 것이 먼저 가신 그분들에게 누累가 되지 않기를 바란다. 그리고 앞으로 올 누군가의 걸음을 가볍게 했기를 바란다.

　새 길이건 익숙한 길이건 어느 길을 가든지 항상 들리는 내면의 소리가 있다. 오랜 세월 나를 지도해 주신 은사님, 함께 공부했던 선배, 동료의 목소리다. 글을 쓸 때 그 목소리는 내게 생각을 열어주기도 하고 반성을 촉구하기도 했다. 앞으로도 그럴 것이다. 그래서 나는 '인연'에 대해 생각할 수밖에 없다.
　거친 원고를 다듬어 아름다운 책으로 만들어주신 출판사 분들과의 인연도 고맙다. 인연으로 치자면 부모님과 배우자의 인연을 빼놓을 수 없다. 나는 오행으로 따지면 화火의 기운을 타고났다고 한다. 나의 부모님과 배우자는 모두 목木에 해당한다. 이들이 있어 내 불이 환하게 탈 수 있다는 것을, 나는 일상의 경험을 통해 잘 알고 있다. 부모님과 남편에게 감사한다. 하루하루 컴퓨터 앞에서 원고를 쓰는 일이나 하루하루 아이들을 보살피는 일은 모두 힘들지만, 다른 무엇과도 비교할 수 없는 큰 기쁨이기도 하다. 이 두 가지 기쁨을 함께 누릴 수 있도록 각본을 짜신 그 누군가에게도 감사한다.

2009년 10월
류정월

차례

들어가는 말: 신의 영역, 인간의 영역 6

1부 | 운명의 존재

1장. 운명을 느끼다

예정된 미래 24
신탁, 꿈, 점에 부재하는 인과관계 27
왕도 바꿀 수 없는 운명 38
베를 짜는 운명의 여신, 장부를 쓰는 대사명성 44

2장. 운명적 사랑에 빠지다

너는 내 운명 52
에로스와 월하노인 56
운명적 상대를 찾는 방법 70
진짜 신부를 찾아서 74

3장. 운명으로 부자가 되다

행운을 가져오는 붉은 속옷 78
복을 빌려 온 사람, 부자 82
부자의 조건, 선행과 플러스알파 88
구해서 얻을 수 없는 부(富) 97

2부 | 운명의 인식

4장. 운명을 알다

떡잎이 누레도 될성부른 나무 106
정렴, 금혈(禁穴)에 묘를 쓰다 113
심안(心眼)으로 보이는 세상 121
취조당하는 심안 126
실재하는 것은 운명일까, 기대일까 130

5장. 운명을 소통하다

미래를 아는 불편함 138
설득의 부재와 정치적 곤란함 143
천기누설의 위험부담 148
비밀스런 지식, 그 소통의 어려움 혹은 불가능성 154

6장. 운명을 해석하다

개미잡이 새, 징크스와 미신 160
유사성의 법칙, 그리고 오목 두기 162
인접성의 법칙과 상징 170
우연의 연속, 없는 규칙의 발견 혹은 잠행하는 신 179

3부 | 운명의 가치

7장. 운명을 이용하다

점이 할 수 있는 모든 것 186
점술, 살인범을 잡다 190
점술, 천명을 입증하다 194
조작되는 믿음 200

8장. 운명을 개척하다

운명을 개척하는 방법 210
운명을 개척하는 또 다른 방법 220
난파할 배를 구하는 운명 225
미약한 인간의 의지와 강력한 신의 의지 사이에서 229

9장. 운명을 운운하다

심리분석가와 역술인 238
불공정한 세계 속에서 246
고난의 감지와 방지 252
지금, 이 순간을 사랑하는 법 256

나오는 말: 운명론자의 사랑스러운 억지와 이중성 263
참고문헌 279

1부

운명의 존재

1장. 운명을 느끼다

예정된 미래
신탁, 꿈, 점에 부재하는 인과관계
왕도 바꿀 수 없는 운명
베를 짜는 운명의 여신, 장부를 쓰는 대사명성

예정된 미래

오랫동안 준비했던 시험에서 낙방했을 때, 멀쩡히 다니던 회사에서 구조조정으로 갑자기 해고됐을 때, 학벌, 외모, 성격 어느 하나 빠지지 않는 자식이 늦도록 결혼 상대를 만나지 못했을 때, 의기양양 시작했던 사업인데 얼마 되지 않아 집안 기둥뿌리가 뽑혀 나갈 때, 당신이라면 그 순간 무슨 생각을 하고 어떤 행동을 하겠는가?

공부가 부족했다는 것을 알게 되었으니 더 열심히 해야겠다고 다짐할 수 있다. 다니던 회사가 워낙 싫었으니 새로 정 붙일 곳을 찾아보자고 의욕을 북돋을 수도 있다. 자식이란 부모 눈에나 차 보이는 것이지, 남들 눈엔 뭔가 부족한 구석이 있을 테고, 연분은 제 눈에 안경이라 했으니 좀 더 기다려 보자고 자위할 수도 있다. 사업 초창기에는 누구나 어려운 법이니 자금이나 구하러 다니자고 마음먹을 수도 있다.

그런데 이런 달갑지 않은 상황이 계속해서 반복된다면? 별로 하고 싶지 않은 가정이지만, 시험에 계속 떨어지거나, 번번이 직장에서 쫓겨나거나, 아무리 기다려도 마땅한 혼처가 나타나지 않는다거나, 벌이는 사업마다 망해서 빚더미에 올라앉는다면 어떤 생각을 하게 될까?

성경에 이런 구절이 있다.

나는 세상에서 또 다른 것을 보았다. 빠르다고 해서 달리기에서 이기는 것은 아니며, 용사라고 해서 전쟁에서 이기는 것도 아니더라. 지혜가 있다고 해서 먹을 것이 생기는 것도 아니며, 총명하다고 해서 재물을 모으는 것도 아니며, 배웠다고 해서 늘 잘되는 것도 아니더라.

불행할 때, 역경에 처했을 때, 우리는 세상 일이 뜻대로 되지 않는다고 생각한다. 세상이 뜻대로 돌아간다는 것은 노력한 대로 성과가 있다거나 뿌린 만큼 거둔다는 뜻이고, 일의 앞과 뒤가 상식적이고 합리적으로 맞아떨어진다는 말일 것이다. 노력한 만큼 이루어지지 않고, 뿌린 만큼 거둘 수 없을 때, 우리는 우리 뜻과 상관없이 결과가 미리 정해져 있는 것은 아닌지 의심하게 된다. 불행과 역경처럼 큰 사건을 겪을 때만 예정된 미래를 감지하는 것은 아니다.

텔레비전 사극처럼 일상적인 여흥에도 예정된 미래의 기제가 작동한다. 요즘 사극에는 단골처럼 신녀들이 등장해서 나라의 운명을 예언한다. 연말연시 포털 사이트의 상단을 장식하는 공짜 토정비결 광고를 보고 마우스를 클릭할 수도 있다. 지하철을 탔다가 우연히 주워든 스포츠 신문에서 이번 주의 별자리 운세를 읽을 수도 있다. 전날 타로카드점을 쳤던 친구와 점괘를 두고 이야기할 수도 있다. 진지하게 혹은 재미삼아 할 수도 있겠지만, 이 모든 행위의 이면에는 미래가 예정된 것이라는 믿음이 전제되어 있다.

미래가 예정되었다고 믿는 사람을 흔히 '운명론자'라고 부른다. 그러나 나는 지금까지 철두철미한 운명론자를 본 적이 없다. 모든 미래가 예정된 것이며, 인간은 주체적으로 아무것도 할 수 없다는 믿음으로 매사

타로카드

에 임하는 사람은 없을 것이다. 대부분 사람은 어떤 일에 대해서는 운명론적 태도를 보이지만, 다른 일에 대해서는 그러지 않는다. 이런 점에서 운명론은 하나의 일관된 세계관이라기보다는, 어떤 습관적이고 무의식적인 성향을 일컫는다 할 수 있다.

신탁, 꿈, 점에 부재하는 인과관계

예정된 미래에 대한 믿음은 그 역사가 매우 깊다. 그런 믿음의 가장 고전적 발현은 신탁神託을 통해 나타난다. 신탁이란 인간이 자기 능력의 한계를 벗어난 사건에 대해 신에게 질문을 던지고, 그 답을 얻는 것을 말한다. 신탁은 여러 종교에서 다양한 방식으로 이루어진다. 별을 보고 점을 치는 점성占星, 새가 날아가는 모양을 보고 계시를 얻는 새 점, 짐승의 뼈나 귀갑龜甲을 불태움으로써, 또는 제물로 바친 짐승 내장의 형상을 보고 상황을 판단하는 점, 사자死者를 이용하거나 제비를 뽑아 점을 치는 방법 등이 모두 신탁에 속한다. 그 가운데 가장 대표적인 것은 그리스 로마 신화에 나오는 델포이 신탁이다.

    델포이 신탁은 매우 유명했기에 신탁을 얻으려는 사람들이 줄을 섰다. 이들은 신탁을 얻기 전에 준비할 게 많았다. 샘에서 목욕하고, 특별한 공물供物을 만들고, 짐승을 제물로 바쳤다. 그렇게 해야만 아폴론의 신녀 피티아에게 접근할 수 있었다. 피티아는 목욕재계하고 신성한 냇물을 마셨으며[1] 신과 대화하여 인간에게 신탁을 전하기 위해 신성한 정기를 흡입했다.[2] 황홀경에 있는 피티아의 입에서 말이 흘러나오면 사제

---

1) 낸시 헤더웨이 저, 신현승 역, 『세계 신화 사전』, 세종서적, 2004, 275면.

2) 윌리엄 브로드 저, 김혜원 역, 『신탁』, 가인비엘, 2007, 9면. 이 책은 피티아들이 에틸렌 가스를 흡입하여 황홀경에 이르렀다는 과학의 발견을 추적하지만, "신탁 너머에는 에틸렌 이상이 있다."라는 결론을 내린다. 위의 책, 314면.

델포이 아폴론 신전
아폴론이 신탁을 내리던 곳으로 원래 대지의 여신 가이아의 신전이었으나 아폴론이 신전을 지키던 왕뱀 피톤을 죽이고 자신의 신전으로 삼았다. 암뱀 피티아는 죽이지 않고 인간의 모습으로 바꾸어 신탁을 전하게 했는데 이것이 피티아의 기원이다.

가 그 말을 받아 적어 밖에서 기다리던 의뢰자에게 전달했다.
 신탁의 의뢰자나 신녀 모두 이렇게 성심성의껏 준비한 결과로 얻은 델포이 신탁은 과연 용했을까? 델포이 신탁이 적중한 대표적인 예가 바로 오이디푸스 신화이다.

 테베의 왕 라이오스와 왕비 이오카스테에게는 대를 이을 자손이 없었다. 후손을 바라던 끝에 왕은 신탁을 얻고자 델포이 신전에 사신을 보냈다. 사신이 왕에게 가져온 신탁의 예언은 끔찍했다.
 "왕은 아들을 낳을 것이다. 그러나 그 아들 때문에 왕국에 불행이 닥칠 것이다. 왕 자신도 아들 손에 죽게 되리라."

막상 아들이 태어나자 공포에 질린 왕과 왕비는 목동을 시켜 아기를 산으로 데려가 야수의 밥으로 던져주었다. 하지만 목동은 아기가 가여워 왕명을 어기고 한 친구에게 아기를 맡기고 돌아왔다. 그 친구는 코린토스 왕의 양떼를 지키는 목동이었다. 목동은 코린토스의 왕에게 아기를 바쳤고, 후계자가 없었던 왕은 아기를 양자로 삼았다. 오이디푸스는 청년이 될 때까지 자신의 친부모가 따로 있다는 사실을 전혀 눈치채지 못

| 오이디푸스와 스핑크스
장 오귀스트 도미니크 앵그르, 1808, 루브르 소장.

했다. 그러던 어느 날 신탁을 들으러 갔던 오이디푸스는 전율할 만한 예언을 듣는다.

"너의 아버지를 피하라! 아버지를 보면 너는 네 손으로 그를 죽이고 네 어머니와 결혼하게 되리라!"

코린토스의 왕을 생부로 알았던 오이디푸스는 코린토스와 반대 방향으로 향하던 중, 길에서 우연히 마차를 탄 노인과 싸움이 벌어져 홧김에 그를 죽인다. 나중에 밝혀지지만, 이 노인은 테베의 왕 라이오스로, 스핑크스의 횡포로부터 나라를 구할 신탁을 들으러 다녀오던 길에 아들을 만나 죽임을 당한 것이다.

오이디푸스는 자원해서 테베의 성문 앞을 지키던 스핑크스를 물리치

러 떠난다. 스핑크스는 "아침에 머리 하나에 발이 네 개, 한낮엔 발이 두 개, 저녁엔 발이 세 개가 되는 동물은 무엇인가?"라고 묻는다. 총명한 오이디푸스가 "그건 바로 인간이다."라고 대답하자 스핑크스는 패배를 시인하고 바다에 뛰어들어 죽는다. 오이디푸스는 테베로 돌아와서 왕비와 결혼하고 왕이 된다. 그것은 스핑크스를 물리친 사람에게 내려진 상이었고, 오이디푸스는 신탁의 예언대로 아버지를 죽이고 어머니와 결혼한 것이다. 그는 자신이 죽인 사람이 친아버지였고 아내로 맞은 사람이 친어머니였다는 사실을 알게 되자, 번민과 자괴감에 스스로 자신의 눈을 찔러 장님이 된다.

운명에 관한 이야기는 설령 그것이 비극적이라 하더라도 읽는 재미가 있다. 이야기의 재미는 예측 가능성과 예측 불가능성 사이의 미묘한 긴장 관계에서 생긴다. 우리는 결말이 뻔하다고 해서 TV연속극을 외면하지 않는다. 연속극은 많은 문제를 안고 있는 남녀가 결국 결혼에 골인함으로써 막을 내리겠지만, 시청자는 문제를 해결하는 과정, 결혼에 도달하기까지의 우여곡절이 궁금하다. 이것은 투우와 비슷하다. 투우에서 소는 결국 죽겠지만, 관건은 '어떻게' 죽느냐이다. 오이디푸스 신화에서는 사건이 일어나기 전에 이미 등장인물들의 미래가 신탁으로 암시된다. 이것은 앞으로 다가올 상황을 미리 알려 주는 훌륭한 복선의 역할을 한다. 우리는 비극적인 일이 일어나리란 것을 알고 있지만, 오이디푸스에게 그 사실을 전달할 수는 없다. 이 두 지점 사이에서 독자가 느끼는 불안감을 '서스펜스suspense'라고 부르기도 하는데, 계속해서 이야기를 읽도록 추동하는 긍정적인 동기가 된다. 이렇게 운명에 관한 이야기에는 서사의 예측가능성과 불가능성이 미묘하게 줄다리기할 틈이 기본적으로 구축되어 있다.

영화나 소설에 나오는 예언은 그런 복선의 역할을 하는 경우가 종종 있다. 「매트릭스」에 나오는 예언자 오라클은 모피어스가 '그'를 찾을 것이고, 트리니티가 '그'와 사랑에 빠질 것이며, 네오가 자신의 생명과 모피어스의 생명을 두고 하나를 선택하게 되리라 예언한다. 「매트릭스」의 주요 내용을 모두 미리 언급하지만 이런 예언은 스포일러spoiler와는 분명히 다르다. 스포일러는 영화의 줄거리, 주요 장면을 미리 알려 주어 영화에 대한 궁금증을 말끔히 풀어준다. 그래서 스포일러를 보고 나면 십중팔구 영화를 보려던 계획을 취소하게 되는 것이다. 오라클의 예언은 영화의 주요 국면을 모두 언급하지만, 그렇다고 해서 김이 빠지는 건 아니다. 오히려 '그 예언이 정말 맞을까?' 하는 궁금증을 유발할 뿐이다. 예언의 실현 여부를 알기 위해서라도 우리는 영화에 몰입하게 된다.

꿈 역시 미래를 예지하는 능력이 있는 것처럼 보인다. 꿈은 일반적으로 무의식의 산물이라고 생각하지만, 문헌에는 미래를 예견하는 꿈에 대한 일화도 많이 남아 있다. 꿈을 통해 예견된 미래를 만나는 가장 극적인 이야기 가운데 하나가 북유럽 신화의 발드르 이야기이다.

발드르는 북유럽 신화 최고신인 오딘과 그의 아내이자 결혼의 여신인 프리크 사이에서 태어났다. 투명한 피부에 흰 속눈썹, 황금빛 머리카락의 그에게서는 늘 광채가 났다. 그런데 언제부터인가 그는 계속

해서 불길한 꿈을 꾸었다. 발드르의 꿈에서 산들은 마치 거대한 상자처럼 입을 쫙 벌렸다. 구름이 불타오르고, 겨울이 끝없이 계속되었다. 그리고 자신의 이름이 피로 쓰인 것을 보았다. 그는 불길한 예감에 시달렸고, 빛의 신이라 불리던 발드르의 빛은 점점 약해졌다.

오딘은 신들의 회의를 소집했다. 신들은 사랑스러운 신 발드르가 죽을 운명임을 알았다. 어머니 프리크 여신은 근심에 싸였다. 그녀는 온 세상을 돌아다니며 짐승, 새, 뱀, 식물, 금속과 돌, 독과 질병 등 세상 만물로부터 그를 해치지 않겠다는 맹세를 받아냈다. 프리크가 돌아오자 신들은 그 맹세가 정말 지켜졌는가를 시험하고자 발드르에게 돌을 던졌다. 돌은 프리크에게 했던 맹세를 지켰다. 그러자 신들은 매우 기뻐하며 놀이를 만들었다. 발드르를 세워놓고 무엇이든지 던지는 놀이였다. 물건이 그의 몸을 맞고 튀어나오면 신들은 떠들썩하게 웃음을 터뜨렸다. 모든 신이 그 놀이를 즐겼지만 단 한 명만은 예외였다. 그는 바로 술수꾼 로키였다. 발드르를 시기한 로키는 그를 쓰러뜨리기로 마음먹었다.

그는 노파의 모습으로 변신하여 프리크에게 따져 물었다.

"당신은 정말 세상 만물로부터 맹세를 받아낸 거요? 혹시 빠뜨린 건 없소?"

그러자 프리크는 하찮은 것을 하나 빠뜨렸음을 시인했다. 발할라 서쪽에서 자라는 볼품 없는 겨우살이 숲이 그것이었다. 그 말을 듣자마자 로키는 곧바로 작은 숲을 찾아갔다. 그는 겨우살이를 뿌리째 뽑아 잔가지로 짧은 화살을 만들었다. 그리고 신들이 놀이를 즐기고 있는 곳으로 돌아왔다.

떠들썩한 웃음소리가 울려 퍼지는 가운데 한 명만은 놀이에 참석하지 않았다. 그는 바로 발드르의 맹인 쌍둥이 형제 호드르였다. 교활한 로키는 그에게 화살을 건네며 그의 팔을 잡아 과녁을 겨냥하게 했다. 드디어 놀이에 참여했다는 기쁨에 들뜬 호드르는 쌍둥이 형제에게 겨우살이 화살을 겨누었다. 로키의 계획은 적중했다. 화살이 심장을 관통한 발드르는 그 자리에 쓰러져 숨을 거두었다.[3]

발드르는 죽음을 암시하는 꿈을 꾸었다. 그 암시대로, 여신 프리크의 위대한 모성애에도 불구하고 발드르는 죽는다. 죽음은 어처구니없이 다가오지만, 누구도 피할 수 없다. 죽을 운명이라면 장님이 던진 겨우살이 풀에 맞아서라도 죽는다. 죽을 운명이라면 최고신의 자식이라도, 아무리 미모와 지혜가 빼어나도 죽는다.

꿈이 미래를 예시한다는 생각, 즉 꿈에 예견된 미래가 실제로 모습을 드러낸다는 생각은 태몽을 꾸고 그것을 풀이하는 우리나라 풍습에도 반영되어 있다. 이성계가 태어나기 전에 그의 어머니는 한 신선이 오색구름을 타고 하늘에서 내려와 소매에서 황금으로 만든 자(尺) 하나를 꺼내서 건네주는 꿈을 꾸었다고 한다. 자는 헤아리고 측량하는 도구라는 점에서 다스림을 상징한다. 이 태몽은 이성계가 장차 나라를 통치할 위대한 인물이 될 것임을 예지하게 하는 꿈이었다. 예언과 비교할 때 꿈의 언어는 상징적이다. 산들이 상자처럼 입을 벌리는 꿈의 의미가 무엇

---

3) 안인희, 『북유럽신화』 2권, 웅진지식하우스, 2007, 145-150면 요약.

인지, 황금 자가 무엇을 의미하는지는 풀어봐야 알 수 있다. 이것을 푸는 작업은 매우 중요하다. 『삼국사기』에서 온 나라에 오줌이 넘치는 꿈의 의미를 알았던 김유신의 누이 문희文姬는 김춘추와 결혼하여 문명왕후文明王后가 되었고, 꿈의 언어에 내재한 무의식을 풀어내고자 했던 프로이트의 저술은 동서양을 막론한 고전이 되었다. 예언 역시 모호한 구석이 없는 것은 아니지만 꿈의 언어에 비한다면 직설적이라 할 수 있다.

델포이 신탁이 오로지 특수한 환경에 있던 그리스 고대인들에게만 유효한 것이었고, 미래를 암시하는 꿈 역시 육감六感이 발달한 사람이나 신처럼 특수한 이에게만 찾아오는 것이라면, 그보다 일반적이고 쉽게 미래를 예측하는 방법은 점占이라 하겠다. 특히 우리나라 사람들은 점을 좋아하기로 유명하다. 대한민국에서 점은 연간 3~4조 원 규모의 거대한 시장이다. 남녀노소를 막론하고 점 한 번 안 본 사람이 없을 정도이다. '점술 밸리'가 형성되고 건물 하나에 온갖 종류의 역술인이 모여 원하는 종류의 점술을 골라서 쇼핑할 수 있는 빌딩도 있다.[4] 그러나 점에 매혹되는 현상은 현대인에게만 국한된 것은 아니다.

> 칠원부원군漆原府院君 윤자당尹子當의 어머니 남씨는 젊어서 과부가 되어 함양에 살고 있었다. 윤자당이 7세 되던 해 남씨가 무가에 가서 점을 쳤더니 무당이 말했다.
> "마님께서는 염려하실 필요 없습니다. 이 아이는 귀인이 될 상을 타고 났으니 반드시 아우의 힘을 입어 귀한 신분이 될 것입니다."

---

4) 「도대체 占이 뭐기에」, 『위클리조선』, 2006. 2. 8.

남씨는 과부가 어떻게 아들을 얻어 자당의 아우가 생긴다는 것인지 의아했다. 그 후 과연 남씨는 이 재상과 재혼하여 아들 숙번叔蕃을 낳았다. 숙번은 태종 즉위의 일등공신으로서 정사공신定社功臣의 호를 받으니, 그 권세가 온 나라에 미쳤다. 이에 윤공이 이숙번의 공에 힘입어 부원군으로 책봉되었다.[5]

윤자당의 어머니에게 미래를 예언했던 이는 무당이다. 윤자당의 어머니가 점을 보던 때는 조선 초기여서 조금 다르겠지만, 18세기 끝 무렵 공식적인 통계를 보면 전국에 직업 무당만 2,600호이며, 20호마다 단골 무당이 한 명꼴로 있었다고 한다.[6] 무당들이 보는 점은 '신점神占'이라고 한다. 점쟁이가 보는 점은 일반적으로 연월일시를 기준으로 사주를 푸는 것인데, 무당의 점은 여기에 나오지 않는 변수變數, 돌발 상황을 집어내기도 한다. 그것을 가능하게 하는 것은 조상과의 소통이다.[7] 이 아이가 귀하게 되리라는 것이 그의 사주에 있었는지, 조상의 신내림에 의한 공수인지는 알 길이 없다. 그러나 확실한 것은 유교를 신봉하던 조선시대 내내 무당이 여성 고객의 점을 봐주던 일이 비일비재했다는 것이다.

요즘 점쟁이는 일종의 자영업자이지만, 전통적으로 우리나라에서는 직업적인 점쟁이 가운데 관청의 관리가 많았다. 삼국시대 사무師巫, 일관日官, 일자日者에서 시작하여 신라 관상감觀象監의 봉공奉供, 복사卜

---

5) 『용재총화(慵齋叢話)』 4권.
6) 이이화, 『한국사 이야기14: 놀이와 풍속의 사회사』, 한길사, 2001, 327면.
7) 강순명, 『현대 점복 행위에 나타난 음양오행사상 연구』, 서강대 석사논문, 2006, 47면.

師, 고려 태복감太卜監의 복박사卜博士, 복정卜正, 조선 관상감의 명과맹命課盲 등이 모두 그런 관리의 직함이다.[8] 사정이 이런 까닭에 나라의 공식 업무를 집행하는 가운데 점쟁이가 끼어들기도 했다.

생원 박운손朴雲孫이 관노와 간통하고 그녀의 남편을 시기하여 살해하고 옥에 갇혔는데 판결하는 날 형조의 낭관들이 모두 모이고 숙중(점쟁이 이름) 또한 그 옆에 서서 길흉을 이야기하였다. 정랑 노회신盧懷愼은 부호로서 한때 이름을 떨쳤는데 숙중을 돌아보며 말했다.
"저 죄인의 명이 조석朝夕에 달렸는데, 면할 도리가 있을까?"
숙중이 꽤 오래 명수를 점쳐보다가 말했다.
"이 죄인은 형벌을 면할 뿐만 아니라 벼슬길이 넓게 트여서 해를 당할 일이 없습니다. 정랑의 명수가 오히려 이 죄인만 못합니다."
그 자리에 있던 사람은 모두 점이 맹랑하다고 비웃었다.
그런데 박운손은 형벌을 받는 날에 도망해서 죽음을 면했고, 훗날 벼슬이 삼품에 이르렀으며 나이가 일흔이 되어 죽었는데 노회신은 얼마 안 가서 일찍 죽었다.

점쟁이의 말은 모두 그 당시로는 믿을 수 없는 '맹랑한' 것들이다. 과부의 독자獨子에게 아우가 생겨 그 덕으로 귀히 되리라는 것도 그렇고, 형장의 죄인에게 벼슬길이 넓게 트였다고 하는 것도 그렇다. 젊고, 아름답고, 지혜로우며 가문조차 훌륭한 신神의 아들이 어느 날 갑자기 죽음

---

8) 『한국민족문화대백과사전』, 「점쟁이」.

을 암시하는 꿈을 꾸는 것도 예사로운 일이 아니다. 황당하기로는 이성계의 태몽도 마찬가지이다. 왕씨가 집권한 세상에서 이씨 자손을 낳을 이가 황금 자를 받았으니 얼마나 희한한 일인가. 그러나 속인俗人의 눈으로 맹랑하기 짝이 없어 보이는 이런 일이 얼마 후 현실이 된다. 점을 보거나 꿈을 꾼 시점에는 기적 같던 일이 실제로 일어나는 것이다.

신탁이건 꿈이건 점이건 간에 여기서 암시하는 미래의 사건에는 공통점이 있다. 현실에서는 도무지 알 수 없는 것, 현실의 대척점에 있는 것처럼 보인다는 점이다. 그래서 예언은 예측과 다르다. 우리는 무언가를 예측할 때, 현실의 처지나 사건에서 미래의 단서나 실마리를 찾는다. 그러나 점쟁이들이 예언할 때, 현실의 처지나 사건은 미래와 아무 상관이 없거나, 심지어 예언된 미래의 그것과 정반대가 되기도 한다. 운명론의 차원에서 사건 사이의 인과관계는 별 의미 없다. 그래서 현재의 처지나 상황에 비추어 알 수 없는 것을 말하는 점쟁이의 예언은 얼핏 불가능해 보이지만, 가능해지는 것이다. 보통사람들에게 이러한 경험은 일종의 신비체험이다. 현실의 상황과 미래의 상황 사이의 간격이 클수록, 그러니까 인과관계가 무시될수록 이 신비체험의 농도는 짙어진다.

왕도 바꿀 수 없는 운명

운명을 비켜갈 수 없기는 자기 앞날을 미리 알고 있는 점쟁이도 마찬가지이다.

> 건국 초기에 복진卜眞이라는 점쟁이가 있어 둔갑술을 하였는데, 하루는 진이 문득 궁궐에 나아가 왕을 뵈옵기에 왕이 물었다.
> "대궐의 문단속이 심히 엄한데 너는 어찌 들어왔는가?"
> "신이 둔갑술로 몸을 감추어 들어왔기에 대궐 문지기가 알지 못하였나이다. 오늘은 신의 명이 다하는 날이오니 원컨대 구해주시옵소서."
> 왕은 "네가 비술로써 몰래 대궐에 들어왔으니 네 죄가 아주 무겁다. 용서할 수 없다."라고 말하고는 명해서 그를 죽였다.[9]

둔갑술도 할 줄 알았던 용한 점쟁이 복진은 자신에게 닥친 운명적인 죽음을 피하려고 대궐에 잠입해서 임금을 만난다. 그러나 아이러니하게도 그는 바로 그 행동 때문에 죽임을 당한다. 그가 왕을 만난 것은 지상 최고 권력자인 왕, 백성의 생살여탈권을 가진 왕이라면 자신을 죽음에서 구해줄 수 있으리라 믿었기 때문이다. 왕이 생살여탈권을 가진 것은 사실이지만, 그 역시 복진의 운명을 바꿀 수는 없었다. 그렇게 보자

---
[9] 『용재총화』 8권.

면 왕의 권한은 운명을 집행하는 하나의 방편일 뿐이며, 왕 역시 운명의 대리자일 뿐이다.

| 이현보(李賢輔, 1467~1555) 영정.

농암聾巖 이현보(李賢輔, 1467~1555)는 「어부사漁父詞」로 유명한 조선 중기 문인이다. 초반에 그의 벼슬길은 순탄치 않았다. 그는 한림翰林이 되었을 때 연산군의 미움을 받아 감옥에 갇히게 되었다. 연산군은 그를 죽이고 싶었지만 이름을 기억하지 못해서 매번 "그 얼굴 검은 자, 그자를 죽여라."라고만 하였다. 당시에는 옥사가 만연해서 옥마다 죄수가 넘쳐났으니 그 가운데 얼굴 검은 자를 찾기가 어디 쉬웠겠는가. 이현보는 목숨을 보전하였을 뿐만 아니라 중종반정 이후 여러 차례 청요직淸要職에 올랐다. 만년에는 중종의 만류를 뿌리치고 고향에 내려와서 시조를 지으며 유유자적했다.

이 듕에 시름 업스니 어부의 생애이로다.
일엽편주一葉扁舟를 만경파萬頃波에 띄워 두고
인세人世를 다 니젯거니 날 가는 줄을 안가.

그는 한적한 생활을 누리다가 89세에 수壽를 마쳤다. 옛 문헌에서는 이현보의 일을 두고, "오래 살고 귀히 되는 운명을 타고나면 비록 임금이라 할지라도 단절短折시킬 수 없음을 알 수 있다."라고 평한다.[10]

그렇다면 얘기를 조금 한정해서, 벼슬에 오르는 일에 대해 생각해 보자. 죽고 사는 문제야 어쩔 수 없이 왕의 권한 밖이라고 하지만, 벼슬에 오르는 일은 전적으로 왕에게 달린 문제가 아닌가? 그러나 다음 이야기는 사정이 그렇지 않음을 시사한다.

조선 세조 임금이 어느 하급 관리를 미워해 직급이 올라가는 것을 막고 여러 해 그대로 두었다. 하루는 세조가 여러 신하를 모아 궐내에서 잔치를 베푸는데, 자세히 보니 자기가 진급을 막았던 관리가 어느새 진급하여 금대金帶를 두르고 상좌에 앉아 있었다.

세조는 임금도 모르는 사이에 부당하게 진급이 되었다고 판단하고, 이조판서를 불러 그 관리의 진급에 관련된 서류를 모두 가져오라 했다. 서류를 조사해 보니 정식으로 청반淸班에 의해 절차를 밟아 임명된 것으로 드러났다.

세조는 관리를 임명할 때 세 사람을 추천하게 하여 이름을 적은 다음, 먹물을 듬뿍 묻힌 붓을 높이 들고 떨어진 먹물이 튄 이름의 사람을 임명했다. 또 때로는 글을 모르는 종을 시켜 셋 중 아무나 점을 찍으라고 하여 그 사람을 임명하기도 했다. 그러니 모든 것이 운명적으로 정해진 것이었다.[11]

---

10) 『효빈잡기(效嚬雜記)』.

11) 『매계총화(梅溪叢話)』.

그렇다면, 조금 더 양보해 보자. 고관대작이야 운명을 타고난 사람에게 돌아간다고 하더라도, 변방의 말단 벼슬이야 임금이 얼마든지 좌우할 수 있지 않을까? 임금은 하늘이 내린 사람이라고 했는데, 말단 벼슬까지 운명적으로 정해진 사람의 몫이라면 임금의 지위란 무색하기 짝이 없다. 그런데 벼슬의 운명론에 도전한 임금이 있었다.

조선 태종太宗 임금이 왕위에서 물러나 풍양궁豊壤宮에서 편히 살고 있는데, 하루는 한 말단 관리가 이런 말을 하는 것을 들었다.
"사람의 부귀와 출세는 모두 임금에게 달렸네."
그러자 상대방이 그의 말을 부정하며 단호히 말했다.
"그렇지 않아. 작은 벼슬 하나 하는 것에서부터 모든 일은 다 하늘이 정한 대로 따른다네. 임금이 할 수 있는 일은 아무 것도 없어."
이렇게 두 사람이 서로 자기 말이 맞는다고 우기고 있었다.
태종은 쪽지에 "이것을 가지고 가는 관리의 직급을 한 등급 올려 주어라."라고 써서 봉한 다음, 벼슬이 임금에게 달렸다고 말한 사람을 시켜 세종 임금에게 가지고 가서 전하게 했다.
그 사람이 쪽지를 받아 들고 출발하는데 갑자기 복통이 생겨 배가 아파 도저히 갈 수가 없었다. 그래서 다른 사람이 그 일을 하게 되었는데, 바로 벼슬이 하늘에 달렸다고 한 사람이 쪽지를 가지고 가서 세종 임금에게 전하게 되었다. 세종은 그의 관직을 한 등급을 올려주고 태종에게 보고했다. 보고를 받은 태종은 탄식하며 한동안 말이 없었다.[12]

---

12) 『청파극담(靑坡劇談)』.

임금이 할 수 있는 일은 아무것도 없다는 관리의 말에 은근히 화가 치민 태종은 자신의 능력을 보여주어 그 관리의 말이 잘못되었음을 증명하려고 간단한 일을 꾸몄지만, 결국 그 관리의 말이 옳았음을 증명한 셈이 되었다. 태종이 한동안 말을 잃은 것은 막강한 운명의 힘에 심한 질투감을 느끼고 자존심이 상해서 그런 것이 아니었을까, 하는 추정도 가능하지만, 운명을 거역할 수 없음을 뼈저리게 느끼고 숙연해졌기 때문이라고 한다. 벼슬자리만이 아니라 부자가 되게 하는 것도 임금의 몫은 아닌 듯하다.

선비 강일용姜日用의 집은 매우 가난했다. 임금은 그가 넉넉히 살 수 있게 해주려고 어느 날 이렇게 명령했다.
"오늘 하루 서울 도성 사대문을 통해 들어오는 모든 재물을 강일용 집에 실어다 주어라."
그런데 이날은 아침부터 장대 같은 비가 온 종일 쏟아져 사방에 길이 막혔기에 서울로 물자를 싣고 들어오는 사람이 없었다. 오후 늦게 오직 한 사람이 계란 몇 꾸러미를 지고 들어왔는데, 그마저도 모두 속이 굳어 뼈가 들어 있었다. 그래서 속담에 복 없는 사람을 '강일용'이라 하였다.[13]

왕이 아무리 전권全權을 가진 시대라 하더라도 왕 역시 인간이며 그런 점에서 그가 휘두르는 권력은 인간의 권력일 수밖에 없다. 부귀재천

---

13) 『태평한화골계전(太平閑話滑稽傳)』.

富貴在天이라고, 부자가 되거나 귀인이 되는 것은 모두 하늘이 정한 일이라고 하지 않던가. 그렇다면 신神은 어떨까? 비록 북유럽의 신화에서 프리크는 아들을 살리는 데 실패했지만, 다른 신화에서는 다를 수도 있지 않을까? 가령 제우스처럼 위대한 신, 신 중의 신은 모든 이의 운명을 좌지우지할 수 있지 않을까?

베를 짜는 운명의 여신, 장부를 쓰는 대사명성

프리크와 마찬가지로 제우스에게도 사랑하는 아들이 있었다. 그의 아들 사르페돈은 인간의 몸을 하고 있었기에 죽을 수밖에 없는 운명이었지만, 제우스는 세상에서 그를 가장 사랑했다. 『일리아드』에는 다음과 같은 이야기가 나온다.

제우스는 트로이 편에서 싸우는 사르페돈이 전차에서 내려 격전의 중심부로 뛰어드는 모습을 지켜보았다. 전쟁에서 아들이 죽을 운명임을 알고 있는 제우스는 아들을 들어 올려 먼 나라 평화로운 전원 지역에 내려놓고 싶었지만, 아내 헤라는 만약 그렇게 한다면 전쟁터에서 자기 아들을 구해내고 싶어 하는 다른 신들이 노여움을 사게 되리라고 말했다. 제우스는 눈물을 흘렸지만 헤라의 말이 옳다고 생각했다. 그래서 그리스의 전사 파트로클로스가 던진 청동 창에 '가슴을 정통으로 찔려' 아들이 나무토막처럼 쓰러졌을 때에도 제우스는 아무런 행동도 하지 않았다.

사르페돈과 함께 전쟁에 참가했던 글라우코스는 사르페돈의 가슴에서 창을 비틀어 빼내는 파트로클로스를 이렇게 묘사했다.

"횡격막이 창에 묻어 나왔다. 그렇게 그는 한 사내의 목숨과 창날을 함께 끄집어내었다."

신들의 동굴
루카 조르다노, 1866. 오른쪽 아래 세 명의 여신이 모이라이이다. 가장 아래쪽 가위를 들고 있는 여신이 아트로포스, 끝이 뾰족한 실패를 쥐고 있는 여신이 클로토, 생명의 실을 재는 여신이 라케시스이다. 런던 국립박물관 소장.

부상당한 글라우코스는 간담이 서늘해져 탄식했다.

"가장 용맹한 자, 제우스의 아들 사르페돈이 죽었다. 제우스여, 사르페돈 곁에 있었나이까? 당신의 아들인데도 지켜주지 않았군요."

큰 슬픔이었지만 제우스는 아들의 죽음을 지켜볼 수밖에 없었다.[14]

최고신 제우스조차도 아들의 운명을 바꿀 수 없다면, 대체 누가 인

---

14) 낸시 헤더웨이 저, 신현승 역, 『세계 신화 사전』, 세종서적, 2004, 210-215면.

간의 운명을 결정할까? 바로 운명의 여신이다. 그리스 신화에 등장하는 이들 세 여신의 이름은 클로토, 라케시스, 아트로포스이다. 클로토는 베를 짜는 여신이다. 라케시스는 '나누어 주는 여신'으로서 짜인 베에 무늬를 새겨 인간에게 미래의 실마리와 은혜를 나누어준다. 아트로포스는 거역할 수 없는 여신으로 가위로 가차없이 베를 잘라버리는 여신이다. 이 세 여신을 '모이라이'[15]라고 부른다. 운명을 결정하는 이들의 권위는 절대적이어서 최고신인 제우스조차도 이들 여신의 의도를 알려면 영웅들의 운명을 올려놓은 천칭이 어느 쪽으로 기우는지 바라보아야 한다. 그런 점에서 제우스는 운명의 결정자라기보다는 운명의 집행자라고 할 수 있다.

    운명을 결정하는 초월적 존재에 관한 이야기는 우리나라 옛이야기에도 자주 등장한다.

    정렴(鄭礫, 1506~1549)에게는 선비 친구가 한 사람 있었다. 그는 늘 정렴에게 자기 운명을 점쳐 달라 했는데, 정렴은 여러 가지 핑계를 대며 들어주지 않았다. 그러나 섣달 그믐께 이 친구가 하도 조르기에 정렴은 다음과 같이 그 친구의 운명을 일러주었다.
    "자네는 수명이 내년으로 끝이네. 만약 수명을 연장하려거든 정월 초하루와 이튿날 새벽 남대문에서 기다리다가 대문이 열리면 제일 먼저 나가게. 약현藥峴을 거쳐 만리현萬里峴 고개에 이르면 도롱이를 입은 노인이 소에 나뭇짐을 싣고 올 테니, 온종일 그 노인을 따라다니면

---

[15] 이윤기, 『그리스 로마 신화』, 웅진닷컴, 2000, 53-54면.

서 살려 달라고 빌게."

이 친구는 정렴이 일러준 대로 과연 노인을 만날 수 있었다. 그가 노인에게 살려달라고 빌었더니 노인은 아무것도 모른다면서 화를 내며 거절했다. 그러나 온종일 따라다니면서 애걸하니, 노인은 저녁때 나무를 다 팔고 돌아가면서 꾸짖기를, "정렴이 일러 주었구나. 그 사람 너무 지나치다." 하더니 "정렴의 수명 17년을 떼어 너에게 붙여주마." 라고 말하고는 사라졌다.

이 말을 듣고 정렴에게 와서 그 사정을 전하니, 정렴은 이미 알고 있었다며 모두 운명으로 정해진 일이므로 어쩔 수 없다고 했다. 그 노인은 대사명성大司命性인데, 지상으로 귀양을 와서도 계속 그 업무를 관장하고 있었던 것이다.[16]

대사명성이 운명을 정한다는 생각은 우리나라를 비롯한 동양 문화권에서 흔히 발견된다. 중국 신화에서는 사명성, 남두성, 북두성, 노인성 등이 삶과 죽음을 주관하는 별자리로 여겨졌다. 초楚나라에서는 사명성을 대사명성과 소사명성으로 구분하여 숭배하였는데 전자는 성인成人, 후자는 아동兒童의 생사를 주관하였다. 이들 크고 작은 사명성은 산 사람과 죽은 사람에 관한 모든 기록을 관리하였다. 그리고 산 사람이 큰 죄를 저지르면 300일, 작은 죄를 저지르면 4일의 수명을 삭감하였다.[17] 그리고 남두성은 삶을, 북두성은 죽음을 주관한다고 믿었으며 노

---

16) 『동패락송(東稗洛誦)』.

17) 정재서, 『이야기 동양 신화』 2권, 황금부엉이, 2004, 123면.

인성이 나타나면 천하가 태평해지고 모두 장수하리라고 믿었다.

이미 살펴본 것처럼, 그리스 신화와 중국 신화에는 운명을 정하는 신이 따로 정해져 있다. 여기서 눈여겨볼 사실은 운명을 정하는 역할이 몇몇 신에게 나뉘어 있다는 점이다. 앞서 보았듯이 그리스 신화에서는 세 여신이 사람의 운명을 정한다. 한 인간의 삶을 탄생-삶-죽음의 세 가지 중요한 국면으로 나누어 각각 담당한 것이다. 그들을 자매로 설정한 것은 탄생-삶-죽음의 유기적인 관계를 의미한다고 볼 수 있다.

그리스 신화가 운명의 담당자를 베 짜는 여신의 모습으로, 예술적으로 형상화하고 있다면 동양 신화는 장부를 담당한 관리의 모습으로, 공적으로 형상화한다. 이들 관리는 인간의 선한 행동과 악한 행동을 장부에 낱낱이 기재하고 그에 따라 생명을 연장하거나 단축한다. 이들은 혼자 일하지 않는다. 그리스 여신들처럼 동양 신화의 관리들도 일을 분담한다. 대사명성이 성인의 생사를, 소사명성이 아동의 생사를 주관

수성노인도(壽星老人圖)
수성은 도교에서 장수를 맡은 별자리인 노인성을 말하는 것으로 남극성, 수성, 수노인, 수성노인, 남극노인, 남극노인성의 별칭을 지니고 있다. 조선시대에는 노인성에 제사를 지내기도 했다. 국립중앙박물관 소장.

48

한다거나 남두성이 삶을, 북두성이 죽음을 주관한다는 식으로 2인 체계가 구성되어 있다.

여신이든 관리든, 3인 체계든 2인 체계든, 삶과 죽음을 주관하는 운명의 신은 매우 엄격하다. 설령 대사명성이 인간의 운명을 결정한다 하더라도, 이미 소진한 수명을 연장해 주는 일은 없다. 단지, 다른 사람의 수명을 빼앗아 보태줄 뿐이다. 그리스 신화에서도 그렇다. 운명의 여신들은 죽은 사람을 살려주기도 하는데, 그럴 때에는 다른 사람의 목숨을 대신 요구한다. 아폴론은 친구 아드메토스가 병이 들자, 운명의 여신에게 술을 마시게 하였다. 그러나 술에 취했을 때조차 운명의 여신은 호락호락하지 않다. 아드메토스를 대신하여 죽을 사람이 있다면 그를 정해진 수명보다 더 오래 살게 해주겠다고 한다. 이것은 일종의 거래다. 인간의 운명을 정하는 작업은 매우 까다로워서 신조차 마음대로 할 수 없다. 운명은 마치 에너지나 질량처럼 '보존의 법칙'을 따르는 듯하다. 그것은 신의 자유로운 의지가 아니라 엄격한 법칙에 따라 움직인다는 것을 의미한다. 운명의 신이 여럿인 것은 서로 견제하여 이 법칙을 공정하게 지키게 하려는 의도인지도 모른다.

인간으로서 우리는 한숨 쉴 수밖에 없다. 운명은 인간 세상의 최고 권력자인 임금도 어찌지 못하는 신의 영역이다. 운명을 좌우하는 신은 최상의 지위에 있는 최고신 가운데 하나이다. 그런데 이런 최고신조차도 인간의 삶과 죽음을 관장하는 엄격한 법칙에 복종한다. 그러니 운명을 관장하는 신에게 잘 보인다고 해서 운명을 쉽사리 바꿀 수 있는 것도 아니다. 인간과 운명 사이에 가로놓인 이 겹겹의 장벽 앞에서 우리는 한없이 작아지는 것을 느낀다.

운명은 때로 우리를 좌절시키기도 하지만, 우리를 의지에 불타게 할 때도 있다. 어떤 만남에서 강렬한 사랑을 느낄 때 우리는 그 사랑을 운명적이라고 느낀다. 운명적이라고 느낀 그 순간부터 사랑하는 상대에 대한 감정은 급경사를 구르기도 한다. 그래서 사랑하는 사람이 떠난 후에 고배를 마시며 이렇게 읊조릴 수도 있다.

> 한 잔은 떠나버린 너를 위하여
> 또 한 잔은 이미 초라해진 나를 위하여
> 그리고 한 잔은 너와의 영원한 사랑을 위하여
> 마지막 한 잔은 미리 알고 정하신
> 하나님을 위하여
>
> — 조지훈, 「사모」 중에서

신을 믿지 않는 사람이라 하더라도 사랑 앞에서는 '미리 알고 정하신' 누군가를 쉽사리 상정해 버린다. 평범하게 사는 우리에게 운명을 실감하게 하는 대표적인 기제 가운데 하나가 바로 사랑이다.

2장. 운명적 사랑에 빠지다

너는 내 운명
에로스와 월하노인
운명적 상대를 찾는 방법
진짜 신부를 찾아서

너는 내 운명

사랑 이야기는 누구나 쉽게 공감한다. 세상에는 무수한 사랑 이야기가 있고 사람들은 때로 시간을 쪼개고, 잠과 싸워가며 사랑 이야기에 탐닉한다.

나도 사랑 이야기를 좋아한다. 얼마 전에 「너는 내 운명」이라는 영화를 보았다. 그리고 똑같은 제목의 텔레비전 다큐멘터리를 본 적이 있다. 이 둘은 전혀 다른 작품이지만 제목이 똑같다는 것이 당연하게 여겨질 만큼 비슷한 구석이 많다.

영화 「너는 내 운명」은 통장 5개, 젖소 한 마리를 재산으로 목장 경영을 꿈꾸는 노총각 석중이 다방 레지 은하를 보자 한눈에 반하면서부터 이야기가 시작된다. 그는 매일 아침 갓 짠 신선한 우유를 그녀에게 배달하고, 티켓을 끊어 그녀를 여관에서 쉬게 해주고, 다방 청소까지 도맡는다. 이 어수룩한 구애 작전이 성공해서 은하는 석중의 진심을 받아들인다. 이들은 주위의 반대를 무릅쓰고 결혼한다. 꿈 같은 신혼을 보내던 어느 날 은하의 기둥서방이었던 남자가 은하를 찾아오면서 불행이 시작

영화 너는 내 운명(2005)

된다. 은하는 이 기둥서방의 협박을 받아 돈도 주고 몸도 주지만, 그는 점점 더 뻔뻔해질 뿐이다. 결국, 은하는 석중 몰래 그에게 주었던 돈을 대출받아 갚고는 다른 도시로 떠난다. 설상가상으로 은하는 에이즈에 걸린 상태였다. 이 사실은 안 석중은 모든 일을 팽개치고 그녀를 찾아 헤맨다. 이들이 어렵사리 다시 만난 곳은 감옥 앞. 출소하는 은하를 기다리던 석중은 그녀를 데리고 고향으로 돌아온다.

휴먼 다큐멘터리 「너는 내 운명」은 간단하게 말하면 여대생과 노총각의 사랑 이야기이다. 텔레비전에서 소개한 방송 내용은 다음과 같다.

학벌과 9살의 나이 차이, 부모님의 반대도 무릅쓰고 무작정 창원 씨가 좋았다는 영란 씨. 염치불구하고 창원 씨가 그녀를 받아들인 지 2년. 거대한 장벽이 그들 앞을 가로막고 섰다. 영란 씨가 간암 말기, 3개월의 시한부 선고를 받은 것이다. 영란 씨가 곧 죽으리라는 것을 알면서도 창원 씨는 그녀를 아내로 맞이했다. 투병생활을 시작한 지 2년, 점점 죽음으로 다가가는 영란 씨를 잡기 위해 창원 씨는 결혼식을 준비한다. 죽음 앞에서도 포기할 수 없었던 영란 씨와 창원 씨의 운명 같은 사랑 이야기.

영화와 다큐멘터리 「너는 내 운명」에는 공통점이 많다. 우선 두 사람 모두 주위의 반대를 무릅쓰고 결합한다. 주위에서 반대하는 이유도 명백하다. 남자는 순진한 농부인데, 여자는 닳고 닳은 다방 레지이다.

혹은 둘 사이에 학벌과 나이의 차이가 너무 현격하다. 이들의 결합은 사회 통념에도 어긋난다. 그러나 이들은 단념하지 않는다. 그런데 그렇게 어렵사리 결혼하거나 결혼 허락을 얻어낸 이들의 삶은 순탄치 않다. 여자가 에이즈나 말기 간암 같은 불치병에 걸린다. 그래도 남자는 끝까지 포기하지 않고 여자에게 정성을 다한다. "죽음을 넘어선 사랑"을 극적으로 보여준다거나, "죽음 앞에서도 포기할 수 없었던 영란 씨와 창원 씨의 운명적인 사랑 이야기" 같은 소개문이 딱 어울리는 대목이다.

나는 두 편의 「너는 내 운명」을 보면서 궁금해졌다. 왜 운명적인 사랑은 늘 비극으로 그려지는 것일까? 사실, 나는 어디서도 '운명적인 사랑'에 대한 정확한 정의를 본 적은 없다. 운명이 초월적인 힘의 지배를 받고, 개인의 의지로는 어떻게 해볼 수 없는 것이라면, 운명적 사랑 역시 초개인적인 의지가 지배하는 사랑이라는 뜻일 게다. 그러나 이런 정의는 제 짝을 만나 사랑하거나 결혼했다고 생각하는 무수한 경우의 수 앞에서 거의 무의미하다. 처음 만났는데도 마치 전에 알던 사람처럼 친숙한 느낌이 들었다거나, 오래전부터 꿈꾸던 이상형이라거나, 혈액형, 고향, 생일까지 똑같다는 등 이성을 만나 사랑하게 되는 이유는 무수히 많다. 소개팅으로 만난 내 남편은 나와 휴대전화 번호를 교환할 때 특별한 느낌이 들었다고 했다. 그는 어렸을 적에 친분이 있던 동네 무당에게서 6이라는 숫자가 행운을 가져다주리라는 점괘를 받은 적이 있었다. 우리는 6월 6일 6시에 만났고 내 휴대전화 번호에는 6이 여러 개 있다. 이처럼 운명을 느끼는 순간은 매우 다양할 것이다. 심지어 운명이란 존재하지 않는다고 말하는 사람도 있을 것이다. 그런데 왜 영화나 텔레비전 같은 매체는 '운명적 사랑'이라고 하면 늘 비극만 보여주는 것일까?

「너는 내 운명」의 비극적 색채는 여러 곳에서 발견된다. 두 사람이 겪는 주위의 반대, 고통, 불행, 결정적으로 그 끄트머리에서 이들을 기다리는 죽음. 이런 것들은 이들의 사랑을 시험에 들게 한다. 위대한 사랑, 진정한 사랑을 평가하는 심사위원이 있다면, 건강한 보통사람의 사랑보다는 온갖 장애를 무릅쓰고 결코 포기하지 않는 이들의 사랑에 한 표를 던질 것이다. 건강한 사람에게 사랑이나 정이 모자란 것은 아니겠지만, 위대함과 진정성을 확인할 근거는 적다. 서구의 최대 연애담이라고 할 수 있는 로미오와 줄리엣, 트리스탄과 이졸데의 줄거리는 모두 비극적으로 끝난다. 비극은 사랑의 위대함을 보장한다. 게다가 비극의 필수요소인 불행과 고통은 사랑하는 사람의 열정을 돋보이게 한다. 이렇게 위대하고 진정한 사랑을 한낱 개인 의지의 발로로 정의하는 것은 사랑의 의미를 축소하는 행위이다. 그런 사랑은 개인의 의지를 넘어선 것, 신의 손에 의해 만들어진 것이라야 어울린다. 그러니 '운명적 사랑'이라는 것은 사랑에 바쳐진 최고의 찬사이다. 여러 사랑 가운데 특히 그 사랑에 주목하게 하는 명품 브랜드와 같은 것이다.

에로스와 월하노인

사랑을 돋보이게 하는 초월적인 힘을 가진 이는 누구일까? 그리스 로마 신화에서 그 힘은 에로스의 것이다. 에로스는 아폴론보다도 힘이 세다.

아폴론은 피톤이라는 커다란 괴물 뱀을 화살로 꿰어 죽이고 난 지 얼마 되지 않아 에로스가 화살을 가지고 있는 것을 보았다. 자신이 거둔 승리로 의기양양해 있던 아폴론은 에로스에게 이렇게 말했다.
"너 같은 어린아이에게 활은 어울리지 않는구나. 활은 나 같은 위대한 신, 아폴론이나 쓰는 무기란다. 가서 불장난이나 하고 놀아라."
화가 난 에로스는 이렇게 대꾸했다.
"당신의 화살은 무엇이든 꿰뚫는군요. 하지만 내 화살은 당신을 꿰뚫을 수도 있습니다."
에로스는 화살 통에서 두 대의 화살을 꺼냈다. 하나는 사랑하는 마음이 생기게 하는 화살이고, 다른 하나는 그 사랑을 거절하게 하는 화살이었다.
그는 첫 번째 화살로 아폴론을 쏘고 두 번째 화살로 다프네를 쏘았다. 사랑에 빠진 아폴론은 자신을 피해 달아나는 다프네를 쫓아가며 절규했다.

"나의 화살은 과녁을 빗나가는 법이 없는데, 아, 내 화살보다 더 무서운 운명의 화살이 내 가슴을 뚫었소. 나는 의술의 신이기도 해서 모든 약초의 효능을 알고 있소. 하지만 지금 이 몸은 백약이 무효한 병을 앓고 있다오."

영민한 신, 아폴론조차도 가슴이 차가운 아름다운 다프네의 사랑을 얻을 수 없었다. 그 영역은 에로스의 것이기 때문이었다. 화살을 맞고 사랑에 빠

아폴론과 다프네
조반니 바티스타 티에폴로, 1743~1744, 루브르 소장.

진다는 이야기는 그리스 신화에 자주 등장하는 주제이다. 사랑은 정서적 영역인데, 왜 그리스인들은 사랑의 감정이 에로스의 화살에 맞아 시작된다고 생각했을까? 사랑의 시작이 돌발적이라는 것, 사랑을 자각하는 순간이 자극적이라는 데에 그 이유가 있지 않을까? 이성적이고 지성적인 위대한 신 아폴론조차 짝사랑에 빠져 어쩔 줄 모른다. 에로스의 화살은 가슴을 뚫어버리는 물리적 화살의 힘보다 월등하다. 피톤을 죽인 아폴론이 에로스의 희생물이 되는 것을 보라. 준비할 겨를도 주지 않고, 개인의 의지로는 조절할 수 없는 감정을 불러일으키는 에로스는 가히

2장 _ 운명적 사랑에 빠지다 57

정복자 에로스(큐피드)
카라바조, 1602. 순진한 표정의 에로스가 악기, 투구, 악보 등이 어지럽게 흩어진 곳에 서 있다. 일체가 육신의 사랑에 복속된 모습이다. 베를린 국립미술관 소장.

'정서적 테러리스트'라고 할 만하다. 그리스 음유시인 헤시오도스가 에로스를 '사지를 이완하고 정신을 손상하는' 신으로 노래한 것도 이런 연유일 것이다. 에로스의 파괴적인 힘은 종종 일상을 망가뜨리는 열정으로 나타난다. 아폴론은 자신의 임무를 제쳐놓고 다프네만 쫓아 다닌다. 그는 다프네의 양 어깨로 아무렇게나 늘어진 머리카락을 보며 감탄한다.

"흐트러져 있는데도 저토록 아름다운데, 곱게 빗기면 얼마나 아름다울까."

아폴론의 눈에는 다프네의 눈이 별처럼 빛나는 것으로 보였다. 그는 다프네의 입술도 그런 눈으로 바라보았다. 그러나 보는 것만으로는 성에 차지 않았다. 어깨까지 맨살이 드러난 팔을 보면서, 드러나지 않은 나머지 부분은 얼마나 아름다울지 상상하며 한숨을 내쉰다.[1]

대상에 성적으로 매혹되는 것도 에로스의 화살을 맞은 사람에게 공

---

1) 토마스 벌핀치 저, 이윤기 편역, 『사랑의 신화』, 창해, 2000, 19면.

통적으로 나타나는 현상이다. 기든스는 성적 애착을 강하게 느끼는 사랑을 '열정적 사랑 amour passion'이라고 불렀다. 그에 의하면, 열정적 사랑은 틀에 박힌 일상과 다를 뿐만 아니라, 실제로 일상적인 생활과 갈등을 빚기도 하는 어떤 급박함을 특징으로 한다. 타자와의 감정적 연루가 너무도 강렬해서 그런 사랑에 빠진 사람은 자신의 통상적 책무를 제대로 수행하지 못하기도 한다. 그래서 열정적 사랑은 파

| 살로메
잠피에트리노, 16세기 초. 원작에서는 흰 얼굴과 열정적인 붉은 드레스의 아름다운 살로메가 세례 요한의 머리를 받아 들고 보일 듯 말 듯 미소를 짓고 있다. 런던 내셔널 갤러리 소장.

괴적이고 위험하다. 기든스는 이 세상 어디에서나 열정적 사랑이 결혼의 필요조건이나 충분조건으로 간주된 적이 없고 오히려 대부분 문화권에서 결혼생활의 골칫거리로 여겨지는 것은 당연한 일이라고 정리한다.[2]

우리가 일반적으로 요부妖邪 혹은 악녀로 생각하는 팜므파탈Femme fatale의 쓰임새만 봐도 운명적 사랑과 그것이 동반하는 열정의 파괴적 속성이 쉽게 결합한다는 것을 알 수 있다. 프랑스어로 '팜므'는 '여성'을, '파탈'은 '운명적인, 숙명적인'을 뜻한다. 팜므파탈의 예를 보면 이 운명

---

2) 앤소니 기든스 저, 황정미 역, 『현대사회의 성·사랑·에로티시즘』, 새물결, 1996,, 92면.

적 여성의 역할을 알 수 있다. 헤로데스를 춤으로 유혹해 요한의 목을 베게 한 살로메, 아름다운 여인으로 변하여 젊은 시인을 유혹하는 라미아, 하나의 몸에 사자·염소·뱀의 세 머리를 달고 있는 키마이라 등은 대표적인 팜므파탈이다. 이들은 남자 주인공을 재기불능의 좌절이나 죽음의 나락에 빠뜨린다. 그래서 남성을 파괴하는 팜므파탈은 영감을 자극하는 창조의 여신 뮤즈와 대별되기도 한다.

서구 신화에서 에로스가 사랑의 인연을 맺어주듯이, 동양 신화에서는 월하노인月下老人, 즉 달빛을 받으며 남녀를 연결하는 실을 묶고 다니는 노인이 있어 남녀 간의 사랑을 맺어준다. 에로스가 사랑하는 이의 육체에 성적으로 매료되는 파괴적인 열정에 불을 붙인다면, 월하노인이 매개하는 사랑은 좀 더 정신적이며, 훌륭한 후손을 낳게 하는 건설적인 면모를 보인다. 월하노인이 등장하는 『태평광기太平廣記』는 여러 판본이 있지만, 가장 아름답게 각색된 것은 역시 린위탕林語堂의 영역본이다. 좀 길지만, 전문을 인용하겠다.

"하루빨리 아내를 맞이할 수만 있다면……."
합서의 두릉에 위고魏固라는 청년이 살았다. 그는 어서 아내를 맞고 싶어서 안달이 나 있었다. 그러나 그것은 생각처럼 쉽지 않았다. 상대를 너무 까다롭게 고르고 있었던 것이다.
어느 날 그는 여행을 떠났다. 여기저기 떠돌다가 하남의 청하로 가서 송성 남문 밖에 있는 한 여관에 투숙하였다. 그런데 거기서 어떤 사람이 여자 하나를 중매해 주겠다고 나섰다. 상대는 번藩씨 집안의 딸로서 잘 어울릴 것이니 만날 의향이 있다면 다음날 아침 일찍 용흥사 앞에서 맞선을 보자고 했다. 좋은 집안의 아름다운 아가씨와 인연을 맺을지도 모른다는 설렘에 그는 밤잠을 설쳤다.

새벽에 일어난 그는 낯을 씻고 단정한 복장으로 약속 장소로 나갔다. 아직 어두운 하늘에는 초승달이 걸려 있었고 주위는 이슬로 촉촉이 젖어 있었다. 그가 막 용흥사 앞에 당도 하였을 때 멀리 하나의 물체를 발견하였다.

그는 이 새벽에 누굴까 하고 가까이 접근해 보니 절 계단에는 웬 늙은이가 달빛에 책을 읽고 있었다. 노인 옆에는 조그만 자루 하나가 놓여 있었다. 이러한 시각에 노인네가 도대체 무엇을 읽고 있단 말인가? 위고는 어깨 너머로 훔쳐보았으나 무슨 책인지 도무지 알 수 없었다. 그도 고문古文과 범어梵語를 남 못지않게 배웠는데 노인이 읽는 책은 글자조차 알 수 없었던 것이다.

"노인장, 이것은 무슨 책인지요? 그런 글자는 본 적이 없는데요."

노인이 엷은 미소를 띠었다.

"이것은 자네가 읽을 수 있는 책이 아닐세. 천계天界의 책일세."

"그렇다면 어르신은 신선인가요? 이런 곳에서 무얼 하고 계신지요?"

"나는 인간계를 관리하고 있는데 밤에 하계하여 소관된 인간을 조사하고 있네."

"어떤 일인데요?"

"결혼에 관한 것이지."

위고는 속으로 쾌재를 불렀다.

"실례했습니다. 어르신이 바로 제가 만나 뵙고 싶었던 분입니다. 저는 지금까지 결혼을 하고자 이리저리 뛰어다녔지만, 적당한 상대가 나타나지 않았습니다. 실은 제가 여기에 온 것도 결혼 상대를 만나기 위해서였습니다. 그 여성은 번씨 집안의 딸로서 굉장히 아름답고 세련되었으며 성격도 훌륭하다고 하는데, 어떨까요. 제대로 될까요?"

"자네의 주소와 성명은?"

위고는 노인의 물음에 답하였다. 노인은 책을 들추더니 얼굴을 들고 말하였다.

"미안하네만, 제대로 안 되겠군. 모든 결혼은 하늘이 정하는 거야. 그것이 모두 이 책에 기록되어 있네. 자네 색시가 될 사람은 지금 세 살이야. 그 아이가 열일곱 살이 될 때 자네의 아내가 될 걸세. 걱정하지 말게."

"세 살이요?"

위는 어처구니가 없다는 듯이 웃음을 지었다.

"그럼 앞으로도 14년을 혼자 지내야 한단 말입니까?"

"그렇다네."

"그렇다면, 번씨 집안의 딸과 저 사이에 혼인이 이루어지지 않는다는 말씀입니까?"

"그렇다네."

위고는 망설였다. 저 노인의 말을 믿어야 한단 말인가. 안 믿는다면……. 위의 입에서 힘없는 한숨이 흘러나왔다.

"그런데 저 자루에는 무엇이 들어 있습니까?"
"붉은 명주실일세."
노인의 음성은 자못 위엄이 서려 있었다.
"이것이 내가 하는 일이네. 여자든 남자든 태어날 때 혼인 상대가 정해진다네. 나는 밤중에 돌아다니며 남녀의 발을 묶어 주지. 일단 묶이면 어떤 일이 있어도 헤어질 수 없네. 어떤 사람은 가난한 집에서 태어나고 어떤 사람은 부잣집에서 태어날지도 모르며, 또 수천 리 떨어져 있을지 모르고 혹은 두 집안이 원수지간일 수도 있겠지만, 결국은 부부가 되는 결말을 맞는 것이네. 그 숙명은 어떻게 할 수가 없다네."
"그러면 제 발은 이미……."
"그렇지, 이미 묶여 있지."
"그러면 제 아내가 될 세 살 난 아이는 지금 어디에 있습니까?"
"음…… 시장에서 야채를 파는 아주머니의 딸이지. 여기서 멀지 않네. 아주머니는 매일 아침 시장에 나오네. 날이 밝으면 나와 함께 시장에 가세. 내가 가르쳐 주겠네."
서서히 날이 밝고 있었다. 그러나 어제 위고와 약속한 사람은 나타나지 않았다.
"그 남자를 기다려도 소용없네."
노인은 넌지시 말했다.
"이건 정말 이상한 하늘의 도리야. 남자도 여자도 각자 자기 집에서 자라 서로 상대를 모르고 지나는 일이 많지. 그러나 한 가닥 명주 끈 덕택에 머지않아 때가 오면 서로 만나고 사랑하게 되며 그 마음이 달리 될 수 없다는 것을 알게 된다네. 그런데 만일 둘 사이에 다른 남자나 여자가 끼어들면 실이 엉켜서 드디어는 누군가가 자살하고 만다네. 나는 그런 것을 여러 차례 보았지."

시장에는 많은 사람이 붐비고 있었다.

"나를 따라오게나."

노인은 자루를 들고 일어섰다. 시장에서 노인은 어느 노점을 가리켰다. 거기엔 머리가 흐트러진 노파가 채소를 팔고 있었는데 가슴에 한 여자아이가 안겨 있었다.

"바로 저 아일세."

"저를 놀리시는 겁니까?"

"그렇지 않네. 저 아이는 행운의 별 아래서 태어났어. 장차 자네와 부부가 되어 행복을 누릴 것이며 후에는 아들 덕에 지체 높은 부인이 될 걸세."

위고는 말라빠진 초라한 계집아이를 보고 몹시 낙망했다. 그래서 뭔가를 물어보려는 순간 노인은 온데간데없이 사라지고 말았다.

그는 어깨가 축 처진 채 여관으로 돌아왔다. 그래도 학문을 한 사람인데 양가良家의 규수는 얻지 못하더라도 적어도 극단의 미녀 정도는 만나리라 생각했었다. 그런데 저렇게 추하고 더러운 아이를, 그것도 오랜 세월 기다려 결혼해야 한다니 생각할수록 분했다.

그는 밤새 한숨도 잘 수 없었다. 다음날 아침 그는 하인을 데리고 시장에 나갔다. 그리고 무서운 음모를 실행에 옮겼다.

"저 아이를 죽이면 내가 충분히 사례하겠네."

잠시 후 시장의 한구석에서 칼부림이 일어났다. 아이의 자지러지는 울음소리가 시장의 웅성거림을 가르며 들려왔다.

"어찌 됐어?"

"실패했습니다. 칼로 찌르려는데 그만 아이가 몸을 뒤로 젖혀서요. 아마 미간 근처를 찌른 것 같습니다."

위고는 서둘러 그 도시를 떠나 서쪽으로 향했다. 그리고 3년 후 명문인 담씨 집안의 딸과 결혼을 약속했다. 그녀는 학식과 미모를 갖춘 여자였다. 그런데 결혼 준비가 착착 진행되던 어느 날, 그 여자가 돌연 자살했다는 소식이 들려왔다. 다른 남자를 사랑하고 있었던 것이다.

2년 후 위고는 스물여덟 살이 되었다. 그가 향촌에 머무르던 어느 날, 그곳 지주의 딸과 사랑에 빠졌다. 그들은 결혼을 약속하기에 이르렀는데 약혼녀가 갑자기 중풍에 걸리고 말았다. 그녀는 병에서 회복되지 않았다. 1년이 지나자 머리카락이 빠지고 눈마저 멀어 버렸다. 그녀는 결혼을 단념하고, 위고가 다른 여자와 결혼하기를 간청하였다.

그리고 수년이 지났다. 그는 드디어 훌륭한 상대를 만났다. 그녀는 젊고 아름다웠을 뿐 아니라, 대단한 독서가로서 미술이나 음악에도 조예가 깊었다. 실로 그녀에게 비길 만한 여성은 흔하지 않았고, 두 사람은 이내 약혼하였다. 그러나 그녀는 결혼식 사흘 전에 길을 가다가 돌에 걸려 넘어졌고 그 사고 때문에 그만 죽고 말았다.

운명의 신이 장난하는 것일까? 위고는 운명론자가 되고 말았다. 그는 향주의 관청에 자리를 얻고 나서 결혼은 잊고 살았다. 오직 직무에만 충실했으므로 시장市長은 그를 조카사위로 삼고자 하였다. 위고는 심한 고민에 빠졌다. 결혼은 그에게 몹시 괴로운 일이었다. 그러나 아무리 사양해도 막무가내로 간청하므로 할 수 없이 승낙은 했으나 불안한 마음은 어쩔 수 없었다.

다행히 결혼식 날까지 아무 일도 일어나지 않았다. 결혼식 날, 그는 처음으로 신부를 만났다. 젊은 나이에 마음씨도 착해 보였다. 그녀는 좋은 아내가 되었고, 위고는 드디어 결혼의 행복감에 젖을 수 있었다.

그런데 그녀는 언제나 머리카락을 오른쪽으로 늘어뜨리고 있었는데, 그는 그 모습이 아름답다고 생각하면서도 한편으로는 의아하게 여기고 있었다. 아내는 몇 달이 지나도록 그 머리 모양을 바꾸지 않았다. 그래서 하루는 위고가 물었다.

"당신은 어째서 머리 모양을 한 번도 바꾸지 않고 한쪽으로만 머리를 내려뜨리고 있지?"

그의 말에 아내가 부끄러운 듯 머리를 쓸어 올리자, 이마에 깊은 상처 자국이 보였다.

"제가 세 살 때 입은 상처예요. 관에 계시던 제 아버지가 돌아가시고 어머니와 오빠도 같은 해에 돌아가셨죠. 그 후 저는 유모의 손에 맡겨졌어요. 저희는 관청이 있던 송성의 남문 가까이에 있는 외딴 집에서 살았죠. 유모는 채소를 길러 시장에 내다 팔았어요. 어느 날, 무슨 이유인지는 몰라도 도둑놈이 저를 죽이려 했대요. 영문을 몰랐죠. 우리는 원한을 살 만한 일을 한 적이 없거든요. 이것이 그때의 상처예요."

옛일이 기억난 위고는 어찌할 바를 몰랐다. 그럼 그 노인의 말이…….

"실은 내가 그 도둑이었소. 이상한 일이 있었지. 모든 게 숙명적으로 일어난 거야."

그는 그녀에게 14년 전 사건을 자세히 들려주었다. 그래서 둘은 하늘이 정해준 짝임을 알고 더욱 깊이 사랑하게 되었다.

훗날 두 사람 사이에 아들이 태어났는데 이름을 위곤이라고 하였다. 그는 후에 태원의 시장이 되었고 어머니는 명예로운 지위에 오르게 되었다. 송성 시장은 이 이야기를 듣고 위고가 당시 머물렀던 여관의 이름을 정혼관定婚館이라 붙였다고 한다.[3]

어디로 튈지 모르는 광기 어린 감정을 불러일으키는 에로스는 그래서 종종 어린아이의 모습으로 그려진다. 반면 나름대로 철학과 원칙을 지닌 것처럼 보이는 결혼의 중매쟁이 월하노인은 백발이 성성한 노인으로 그려진다. 이런 차이는 에로스가 사랑의 신이고, 월하노인이 결혼의 신이라는 데에서 기인하는 것 같기도 하다. 하지만 중국 쪽 이야기나 우리나라 이야기에서 결혼을 전제하지 않는 사랑의 신에 관한 이야기는 매우 드물다. 물론, 일시적 사랑을 관장하는 여신으로 무산선녀巫山仙女가 거론될 수는 있겠다. 그러나 두 사람을 연결하는 화살을 쏘는 에로스에 비유할 만한 인물은 역시 명주실로 두 사람을 묶는 월하노인이다. 그렇다면, 사랑의 신 에로스에 비길 만한 신이 동양권에서는 결혼의 신 월하노인이라는 사실은 사랑보다는 결혼에 비중을 두는 문화적 관습을 단적으로 보여주는 예라고 하겠다.

위고가 만난 노인은 부부가 될 인연이 있는 두 사람의 발목을 붉은 명주

---

3) 「태평광기」.

실로 묶어 준다.

인연이 있는 사람끼리 명주실로 묶여 있다는 낭만적인 생각은 흔히 찾아볼 수 있다. 박목월의 「전설」이라는 시에는 할머니와 꼬마의 대화가 나온다. 천진난만한 꼬마가 묻는다. "할매, 인연이 뭐꼬?" "야는, 인연이란 명주실 꾸리 같은 거 아이가." 인연을 명주실로 표현하는 메타포는 꽤 멋있다. 어떤 드라마의 대사에서 솔직하게 표현된 것처럼, 결혼 상대를 찾는 과정은 단번에 이루어지지 않는다. '이 사람이구나!' 하다가도, '아, 이 사람이 아니었구나!' 하면서 우리는 방황한다. 다른 사람을 만나고 헤어지고 또 만나고 헤어지는 지난한 과정은 명주 실타래가 엉키기도 하고 풀리기도 하는 것과 비슷하다. 게다가 명주실은 동아줄과 달라 잘 보이지도 않는다. 아무리 인연이 있는 사람들이라 하더라도 대번에 알아볼 수 없는 것이다. 그러나 아무리 가늘어도 명주실로 연결되어 있는 한, 우리는 언젠가는 상대를 만날 것이고 눈을 가늘게 뜨고 살펴보면 그가 진정한 짝이라는 것도 알 수 있을 것이다. 명주실 인연은 과정이 지난하긴 해도 결과는 해피엔딩으로 끝난다. 나는 개인적으로 인연이 동아줄 같은 것이길 바라지만 명주실 메타포가 훨씬 현실적이고 희망적임을 인정한다.

우리나라에서는 월하노인 이야기가 조금 각색되어 전해진다.

늙은 총각이 백발이 성성한 어느 할머니가 실 두 줄을 가져다 서로 꼭 매 놓는 것을 보고 궁금해서 이유를 물었다. 할머니는 남녀 짝을 지어 주느라 그런다고 했다. 할머니는 총각에게 빨래를 널고 있는 여자 등에 업힌 애가 배필이라고 가르쳐 주었다. 기가 막힌 총각은 위고처럼 어린애를 죽이려고 이마에 돌을 던지고 달아났다. 그 후에도 총각은 장가들지 못하고 있다가 고을 원이 되자 이방의 중매로 신부를 얻게 되었다. 신부가 될 여자는 이마와 양쪽 볼에 빨간 칠을 하고 있었다. 첫날밤에 그 이유를 묻자, 신부는 어릴 때 돌에 맞은 상처를 보여주며 그것을 가리려 했다고 말했다. 그 후로 결혼할 때 연지곤지를 찍는 풍습이 생겼다.[4]

연지곤지를 찍는 연유에 대해서는 여러 가지 설이 있는데, 붉은색이 결혼을 침해하는 귀신을 막는다는 설이 있고, 신부의 하얀 얼굴과 붉은색이 조화를 이루어 신부를 아름답게 보이려 했다는 설도 있다. 전통적으로 연지곤지를 찍는다는 것은 신부가 된다는 것, 즉 결혼을 상징한다. 이 이야기에서 신부가 연지곤지를 찍게 된 연유는 상처 때문이고 그 상처는 미래의 배우자가 될 사람에게서 얻은 것이다. 미리 정해진 배우자가 없었고, 그 때문에 상처가 나지 않았다면 그녀는 연지곤지를 찍지 않았을 것이다. 연지곤지는 미리 정해진 배우자가 존재하기에 찍게 된 것이다. 이 이야기에 의하면 연지곤지에는 월하노인이 정해 놓은 배우자에 대한 어떤 기대감이 반영되어 있다고 볼 수 있다. 부모의 결정에 따라 배우자의 얼굴 한번 보지 못하고 치르는 결혼이지만, 그 상대는 태어날 때부터 정해져 있는 운명적 상대일 것이라는 좋은 예감 말이다.

---

4) 『한국구비문학대계』, 2~9.

운명적 상대를 찾는 법

플라톤의 『향연』에 이런 구절이 나온다.

본래 인간은 행복하고 완전하고 자족적인 양성인이었다. 인간은 네 개의 팔과 네 개의 다리, 두 개의 머리, 두 개의 생식기를 가졌다. 자만에 빠진 인간은 신에게 도전했고, 제우스는 인간을 둘로 갈라놓았다. 결국 인간은 나뉘기 전의 오롯한 행복을 얻기 위해 자신의 반쪽을 찾아 떠돌아다니는 운명이 됐다.

이 말이 맞는다면 모든 인간은 자신의 반쪽을 찾기 위해 에너지를 소모할 수밖에 없다. 그런데 원래 하나였던 자신의 반쪽을 어떻게 알아볼 수 있을까? 그가 운명적 상대라는 것을 어떻게 알아볼 수 있을까?

만약, 사랑의 부신符信을 가지고 있다면, 춘향이와 이도령이 헤어질 때 나누어 가졌던 거울 같은 것을 자신의 반쪽과 나누어 가지고 있다면, 문제는 간단하게 해결된다. 나머지 반쪽을 가진 사람만 찾으면 되니까. 이 사람이 내 운명적인 상대인지 아닌지 헷갈릴 때는 부신을 꺼내어 서로 맞춰 보면 금세 답을 알 수 있을 것이다. 만약 그런 부신만 있다면 강한 끌림을 느끼는 상대에 대한 지나친 확신과 '내 타입이 아니니 지나쳐야 하지 않을까' 하는 망설임은 제각각 답을 찾을 것이다. '아, 이 사람이구나!' 하다가 '아, 이 사람이 아니었구나!' 하는 시행착오를 겪지 않아도 되는 것이다. 결국, 운명적 상대를 찾는 데 드는 청춘의 에너지 소모는 줄어들 것이다. 게다가 부신을 휴대하는 것은 간편한 일이어서, 거추장스런 동아줄로 묶여 다니는 것보다 낫다.

이 부신을 맞춰 보면서 배우자를 확인한다는 설정은 조선시대 고전소설에 자주 나온다. 『쌍주기연雙珠奇緣』에서는 서생徐生과 왕소저王小姐가 부부의 인연을 맺는데, 서생이 태어날 때 '雄웅'이라는 글자가 적힌 옥을 가지고 있었고, 왕소저는 태어날 때 '雌자'라는 글자가 적힌 옥玉을 가지고 있었다. 이들은 훗날 이것을 통해 서로 운명의 상대임을 알아보고 결혼의 증거로 삼는다. 또한 『백학선전白鶴扇傳』에서는 운명의 상대를 찾는 일이 이보다 더 수월하다. 주인공이 태어날 때 천사天使가 와서 각각 남편이 될 사람, 아내가 될 사람의 이름과 주소까지 소상하게 알려 주었으니 말이다.[5] 개인정보 입력은 동아줄보다도, 부신보다도 훨씬 강력하다. 그러나 하늘이 인연으로 정해준 이들 천정배필天定配匹과는 달리, 우리에게는 그런 확실한 정보가 없다.

김대승 감독의 영화 「번지 점프를 하다」는 그 점에서 좀 특수하다. 인우는 사랑하던 여인 태희를 사고로 잃는다. 그는 교사로 부임한 학교에서 어떤 남학생을 보고 이상한 두근거림을 느낀다. 그리고 그가 바로 17년 전 죽은 태희의 영

| 번지점프를 하다(2000)

---

5) 박용식, 『고소설의 원시종교사상연구』, 일지사, 1992, 63면.

혼이라는 사실을 인정할 수밖에 없다. 그 제자는 태희처럼 새끼손가락을 펴는 버릇이 있고, 그녀의 얼굴이 새겨진 라이터를 가지고 있으며, 그녀가 했던 이야기를 그대로 반복한다. 한 가지 증거는 고전 소설에 나오는 천사들의 계시처럼 위력적이지 않지만, 누적된 증거들은 매우 강력한 힘을 발휘해서 인우는 더 이상 망설이지 않고 그 남학생을 받아들인다. 증거들을 통해 매개되는 인연이라는 점에서 「번지 점프를 하다」가 보여주는 '영혼의 동반자 찾기'는 천정배필 찾기와 흡사하다.

파니핑크(1994)

도리스 되리 감독의 영화 「파니 핑크(Keiner Liebt Mich, 1994)」에서는 점쟁이 오르페오가 파니에게 운명적 남자를 예언한다. 운명적 남자의 이름과 주소를 가르쳐 준 것이 아니라, 그가 '23'이라는 숫자와 관련이 있다는 힌트를 준다. 외롭게 지내던 파니 앞에 어느 날 아파트 안내인이 번호판 2323이 달린 자동차를 가지고 나타난다. 파니는 그를 운명적 상대라고 믿고 유혹할 방법을 찾는다. 그리고 요란한 복장을 하고 그의 차 트렁크에 숨는 모험을 감행한다. 고전소설을 읽는 약호에 따르면, 이 이벤트는 운명적 상대와의 극적인 만남으로 귀결되어야 한다. 그러나 영화에서 이 소동은 파니가 아파트 안내인과 그의 애인 앞에서 창피를 당하는 것으로 끝난다. 물론, 그것이 영화의 끝은 아니다. 오르페오의 점에 대한 신뢰가 무너진 이 시점에서 놀라운 일이 벌어진다. 오르페오를 떠나보내고 새로운 삶을 시작하려는 파니 앞에 23이라는 숫자가 인쇄된 티셔츠를 입은 남자가 나타난 것이다. 그것은 우연이었을까? 아니면 예정된 일이었을까?

오르페오의 본업은 바에서 노래를 부르는 가수이다. 점을 치는 것은 부업일 뿐이다. 게다가 오르페오는 별나라로 떠나겠다면서 파니가 가진 금을 슬쩍하기도 한다. 전반적으로 신뢰하기 어려운 캐릭터다. 그렇다면, 23 티셔츠를 입은 남자가 나타난 것은 그의 신빙성 없는 예언이 운 좋게 맞아떨어진 것뿐이다. 뒷걸음질치던 소가 생쥐를 잡은 격이다. 「파니 핑크」에 나타난 예언의 모호성은 오늘날 많은 점복의 예언이 공유하는 일반적 특징이기도 하다. 점은 우연과 필연 사이의 경계에 애매하게 서 있다. 둘 사이의 긴장을 유지하는 것은 우리의 의지이기도 하다.

어느 텔레비전 만화에서 본 재미있는 대사 한 토막.

"점쟁이가 빨간 신발을 신으라고 하던가요?"
"응, 빨간 신발을 신으면 사랑하는 사람을 만난대."
"그 뒤로 이 신발을 몇 번 신었죠?"
"매일 신었지."
"그럼 언젠가는 만나겠네요."
"그래? 고마워!"

진짜 신부를 찾아서

여러 번 결혼하는 사람에게 운명적 상대는 어떤 의미가 있을까? 월하노인의 말대로 모든 결혼이 하늘의 뜻에 따라 정해진 것이라면, 여러 명의 결혼 상대 역시 운명적으로 정해져 있다는 얘기가 된다. 월하노인은 가끔 한 남자(여자)의 발을 여러 여자(남자)의 발과 묶어 놓기도 한다.

정효준鄭孝俊은 네 번이나 장가를 든 것으로 유명하다. 마지막 결혼은 쉰 살 가까운 나이에 했는데, 마지막 신부는 열다섯 살의 소녀였다. 그는 장가를 들 때마다 이상한 꿈을 꾸었다. 첫 혼인 때 꾼 꿈에서 그가 신방에 들어가니 신부가 없었고 두 번째 혼인 때 꿈에 나타난 신부는 젖먹이였으며, 세 번째 혼인 때에는 꿈에 신부가 십여 세였다. 그리고 네 번째 장가를 들어 첫날밤에 보니 신부가 옛날 꿈에서 만난 바로 그 아이와 얼굴이 똑같았다.

이 일화의 말미에는 "모든 것이 전정前定임을 알겠다."라는 짧은 논평이 붙어 있다. 그가 다른 부인과 결혼하고 사별死別하기를 되풀이하는 동안 '정해져 있던 신부'는 뒤늦게 태어나 자라고 있었던 것이다. 장가들던 날 꿈에 네 번째 신부만 계속 등장한 것은 이 신부가 '진짜' 신부임을 의미한다. 다른 세 명의 부인이 악처였다거나 허깨비였다거나 하는 기록은 없다. 그렇다면, '진짜 신부'는 어떤 사람일까? 그녀는 이전의 세 부인과 다른 점이 있었다. 그들은 단명했고, 아들을 낳지 못했다(세 명의 부인에게서 정효준은 딸만 셋을 얻었다). 반면, 네 번째 부인은 정효준과 오랜 세월 함께 살았을 뿐만 아니라 아들을 다섯이나 낳았으며 모두 출세했다.

이 이야기에는 이런 혐의가 보인다. 혹시 정효준과 네 번째 부인의 해피엔딩이라는 실제 이야기에 정효준의 꿈 이야기가 덧붙여진 것은 아닐까? 이들 혼인의 특별한 점은 정효준이 장가가기 전에 꾸었던 꿈이 아니라 혼인의 결과였는지도 모른다. '노인과 소녀가 결혼했는데, 백년해로하고 자손이 번창하더라.' 백년해로와 자손의 번창은 조선시대 사람들의 로망 가운데 하나였고 그것을 실현한 결혼은 다른 어떤 결혼보다도 기릴 만한 결혼이었다. 따라서 넷째 부인을 '진짜 신부'로 만든 것은 결혼 전의 '전정'이 아니라 결혼의 '결과'였는지도 모른다. 예정된 결혼이어서 행복한 결혼으로 귀결된 것이 아니라, 행복한 결혼이 예정된 결혼으로 탈바꿈한 것이다. 만약 그렇다면 운명은 결과에 덧씌워지기도 한다고 말할 수 있다. 명주실은 이 세상에 실재하는 것이 아니라 머릿속에서 가공된 것이다. 명주실이 있어서 만나는 것이 아니라, 만나서 명주실을 잣는 것이다.

3장. 운명으로 부자가 되다

행운을 가져오는 붉은 속옷
복을 빌려 온 사람, 부자
부자의 조건, 선행과 플러스알파
구해서 얻을 수 없는 부(富)

행운을 가져오는 붉은 속옷

평범한 우리가 운명에 대해 생각하게 되는 계기는 명주실 말고도 얼마든지 있다. 얼마 전에 나는 이런 신문기사를 읽었다.

> 신세계백화점 관계자는 "백화점 문이 열리자 쇼핑객들이 앞다퉈 6층 란제리 매장으로 올라갔고, 좁은 통로로 고객 200~300명이 한꺼번에 몰려 붉은 속옷이 가득 찬 란제리 매장이 눈 깜짝할 사이에 아수라장이 됐다."라고 전했다. 백화점 쪽은 '개업점포에서 속옷을 사서 옷장 안에만 넣어두어도 가족에게 행운이 온다.'라는 영남지역 여성들 사이의 속설이 경기침체로 불안해진 소비자들의 심리를 파고든 결과로 풀이했다.[1]

이 기사 앞에는 백화점 앞에 인산인해를 이룬 사람들의 사진이 실려 있었다. 이 북새통을 뚫고 붉은 속옷을 거머쥔 이들이 바라는 행운은 무엇일까? 행운에는 여러 가지가 있다. 큰 계약을 성사시켜 줄 바이어를 만나는 것도, 뜻하지 않게 좋은 음식을 먹는 것도, 전도유망한 땅을 헐값에 사는 것도 모두 행운 축에 든다. 그러나 시골 농부가 전자제품 바이어를 만나게 되었다고 해서 그것을 행운으로 여기지는 않을 것이다.

---

1) 「백화점 문 열자 '붉은 속옷' 불티 왜?」, 『한겨레신문』, 2009. 3. 3.

어떤 상황을 행운으로 판단할 것인지는 주체의 처지에 따라 다르다. 속옷 매장에 모여든 사람들은 남자든 여자든 비슷한 처지에 있는 듯하다. '경기침체로 불안해진 소비자'라는 것이다. 기자의 말이 맞는다면, 이들이 바라는 행운

2009년 3월 3일 문을 연 부산 해운대의 복합쇼핑몰 신세계 센텀시티에 붉은색 속옷을 사러 모여든 인파. 『한겨레신문』 2009년 3월 3일 자.

은 경제적 행운임을 알 수 있다.

그리스 신화에서 행운의 여신 티케(튀케 혹은 타이키)는 운명의 여신에 포함되기도 한다. 그리스 신화의 티케와 로마 신화의 포르투나Fortuna는 동일 인물이다.[2] 행운을 뜻하는 영어 'fortune'은 이 여신의 이름에서 나왔다.[3] 실용을 중시하던 로마시대 포르투나는 가장 많은 신전이 있는 여신 가운데 하나였다. 남아 있는 그림들을 보면 그녀는 풍요의 뿔과 수레바퀴를 가지고, 때로는 앉은 모습으로 때로는 서 있는 모습으로, 그리고 대개 소경으로 표현된다. 그녀는 수레바퀴를 가지고 인간의 삶을 조정한다. 수레바퀴에는 인간들이 붙어 있는데 위쪽 정점에 있는 인간은 최

---

2) 고전 시대 로마 종교에도 포르스(Fors)와 포르투나(Fortuna)가 있었다. 포르스는 운(運)의 남성적인 원리이다. 그에 대응하는 여성적인 원리는 포르투나로서 포르스는 포르투나와 한 쌍을 이룬다. 그들의 두 이름은 한데 붙여 포르스 포르투나라고도 하는데, 이는 여성과 남성의 두 가지 면을 다 가지고 있는 하나의 신으로 여겨진다. 포르스보다는 포르투나가 더 인기 있었다. 로마에서 행운은 일반적으로 포르투나라는 '여신'이 가져다주는 것으로 생각하였다.

3) 이윤기, 앞의 책, 55면.

| 운명의 수레바퀴
에드워드 번-존스, 1875~1883년경, 파리 오르세 미술관 소장.

고의 행복을, 아래 정점에 있는 인간은 최악의 불행을 맛본다. 그러나 최고의 행복을 맛보는 순간에도 안심할 수는 없다. 그녀는 마음 내키는 대로 수레바퀴를 돌려 버리기 때문이다.

그런데 이 수레바퀴를 조정해야 하는 그녀는 왜 하필 소경일까? 나로서는 매우 유감스러운 대목이다. 제대로 눈을 뜨고 수레바퀴를 돌린다면 사람의 자질에 따라 위치를 배정할 수도 있고 최저점이나 최고점에 계속 다른 사람이 오도록 배려할 수도 있을 텐데 말이다. 행운의 여신을 소경으로 그린 것은 행운이 인과관계를 따르지 않는다는 인식 때문이다. 행운이나 불행은 어느 날 갑자기 찾아온다. 예상했던 일이 일어난다면, 우리는 운이 좋았다거나 나빴다고 하지 않는다. 친구를 따라서 샀던 로또가 당첨되기도 하고, 친구를 도우려고 선 보증이 잘못되어 신세를 망치기도 하는 것이다.

　행운과 관련된 또 다른 생각을 하는 사람도 있다. 운이란 제때를 만나 자신의 능력을 펼치는 것이고, 복이란 그 에너지가 다시 자신에게 돌아오는 것이라고 말하는 사람이다. 이들은 주로 역술인들이다. 오행에 맞게 펼치는 것을 행운이라 하고 그 결과가 합당하게 돌아올 때 행복이라 한다. 행운이란 것이 인간을 삶을 조정하는 눈먼 신이 어느 날 갑자기 가져다주는 것이건, 오행의 섭리에 따라 생기는 것이건 간에 우리의 관심은 결국 누가 행운의 주인공이 되어 행복을 누리는가 하는 문제로 귀결될 것이다.

복을 빌려 온 사람, 부자

행운이란 사람들의 처지에 따라 다르다. 그렇다면, 거창하게 인류의 행운에 대해 운운하기보다는 좀 더 범위를 줄여 한국인의 행운, 그것도 옛 설화에 등장하는 한국인들의 행운에 대해 생각해 보자. 이들은 행운보다는 '복福'이라는 말을 주로 사용했다.

> 어떤 사람이 나무장사로 근근이 생계를 유지하였다. 좀 더 잘살아 보려고 나무를 세 짐씩 하였으나, 밤마다 나뭇짐이 없어졌다. 하루는 나뭇짐을 지키려고 그 속에 숨어 있었다. 한밤중에 회오리바람이 불어 나뭇짐을 하늘로 가져갔는데, 이때 나무꾼도 함께 승천하였다. 나무꾼이 옥황상제에게 좀 더 잘살게 해달라고 간청하니, 옥황상제는 '차복'이라는 사람의 복을 빌려주면서 후에 그 복의 주인이 태어나면 돌려주라고 하였다. 그 후 나무꾼은 금세 부자가 되었다. 드디어 복을 돌려줘야 할 기한이 된 어느 날, 그릇장수 내외가 마차 위에서 하룻밤을 묵었는데, 새벽에 아들을 낳아 이름을 차복이라고 지었다. 나무꾼은 자기 아들과 차복 사이에 형제의 의를 맺어주고 함께 살도록 하였다. 그래서 가난했던 나무꾼은 평생 잘살게 되었다.[4]

---

4) 정재민, 『한국운명설화연구』, 제이앤씨, 2009, 185-186면.

복은 사람을 잘살게 하는 것이고, 잘사는 것은 부자로 사는 것이다. 이 세 가지는 동의어처럼 쓰인다. 그게 뭐 대수로운 얘기냐고 할지 모르겠지만, 이것은 매우 특수한 경우이다. 전통적으로 복이라고 하면 『서경書經』에 나오는 오복五福을 의미한다. 그것은 수壽, 부富, 강녕康寧, 유호덕攸好德, 고종명考終命이다. 오래 살고, 부자로 살고, 건강하고, 덕이 있고, 편하게 늙어 죽는 것이 오복이라면 부자로 사는 것은 그 가운데 하나일 뿐이고 그 순서도 두 번째이다. 그런데 이 이야기는 복을 경제적인 것에 귀속시키기에 '자본주의적'이라 할 수 있다. 자본주의 사회에서는 복이 유독 돈복을 의미한다. 돈이 있어야 건강하게, 오래, 편하게 늙어 죽을 수 있기 때문이다.

이 이야기에서는 복은 손에 잡힐 듯 구체적이다. 사람마다 정해진 복이 있다는 것도 그렇고 빌려주고 돌려받는다는 설정도 그렇다. 차복이라는 사람의 존재도 복을 구체적으로 형상화하는 데 한몫한다. 차복이라는 이름은 '복을 빌려준 사람[借福]'이라는 의미와 '마차 위에서 낳은 복덩어리[車福]'라는 의미로 모두 쓰인다. 차복은 마치 복의 현신인 듯하다. 복만 있으면 나뭇짐이 날아갈 일도 없고 모든 일이 순조롭게 잘 풀린다. 주인공이 부지런하지 않았던 것은 아니다. 그는 잘살려고 나뭇짐을 셋이나 해놓았지 않았던가. 그러나 부지런함만으로는 부자가 되지 못한다. 복이 있어야 부자가 된다.

석순이가 조실부모하고 빌어먹었는데, 도저히 먹고 살 도리가 없었다. 석순은 할 수 없이 서천 서역국에 가서 복을 빌어오기로 하고 길을 떠났다. 도중에 처녀 혼자 사는 집에 유숙하였는데, 처녀가 자기 남편감이 누구인지 알아다 달라고 부탁하였다. 다음에 다시 어떤 노인 댁에 유숙하였는데, 배나무에 배가 열리지 않는 이유를 알아다 달라고 부탁하였다. 며칠 후에 강물에 당도하였는데, 이무기가 수천 년이 되어도 승천하지 못하는 이유를 알아다 달라고 부탁하면서 강을 건네주었다. 서천 서역국에 당도하여 노인에게 부탁받은 대로 물어보았다. 노인은 자기 일도 못하는 놈이 남의 일까지 한다고 하면서 부탁받은 질문에 대답해 주었다. 돌아오는 길에 이무기에게 여의주를 하나만 가져야 한다고 하였더니, 이무기는 여의주를 뱉어 총각에게 주고 승천하였다. 다음 노인을 만나 배나무 아래 묻혀 있는 금 단지를 파내야 한다고 하였더니, 노인은 금 단지를 파내어 총각에게 주었다. 처녀를 만나 처음 만난 남자가 배필이라고 하였더니, 총각이 바로 첫 번째 만난 남자라고 하면서 혼인하였다. 석순은 결국 여의주와 금 단지를 얻고 처녀와 혼인하여 돌아와 잘살게 되었다.[5]

복을 찾아가는 이야기를 '구복설화求福說話'라고 한다. 이 이야기에는 복의 실체에 대한 생각이 담겨 있다. 석순은 조실부모하고 빌어먹다가 그마저도 어려워서 복을 타러 간다. 여의주와 금 단지를 얻고 처녀와 혼인했다는 결말에서 우리는 그가 복을 얻었음을 알 수 있다. 혼자서 빌어먹던 석순이 배필과 부를 얻게 되었으니 구복 여행은 대성공으로 끝난

---

5) 『한국구비문학대계』 4-5, 「서역국에 가서 복 타온 석순」, 정재민, 「설화에 나타난 한국인의 행복관」, 서대석 외, 『한국인의 삶과 구비문학』, 집문당, 2002, 100면, 재인용.

셈이다. 앞서 차복설화와 내 복에 산다는 이야기에서 복이 없는 사람은 모두 빌어먹는 것으로 나온다. 여기에서 한 가지 더, 천애고아라는 점도 복이 없는 상황에 포함할 수 있을 것이다. 천애고아라도, 빌어먹지 않으면 복이 없다고 하지는 않는다. 그렇다면, 빌어먹더라도 천애고아가 아니라면, 처자식이 있다면 복이 있다고 해야 할까, 없다고 해야 할까?

처자식과 함께 빌어먹는 대표적인 이야기가 바로 「흥부전」이다. 흥부는 자식들을 먹여 살리려고 매품을 파는 아르바이트도 하고, 밥을 얻으러 갔다가 뺨을 맞기도 한다.

잘 알려지지 않은 옛날이야기 가운데 세 쌍둥이를 낳을 운명을 타고난 사람에 관한 이야기가 있다. 이 이야기에서 부부는 두 쌍둥이를 낳고 나서 또 쌍둥이가 태어날 것이 두려워 억지로 생이별한다. 가난한 사람들에게 자식이 많다는 것은 인생의 재미가 아니라 부담이다. 행복이 아니라 불운이다. 그러니까 혼자가 아니라 누군가와 함께 있는 것이 복이 되려면 그가 생계의 방편이 되거나, 생계에 도움이 될 수 있어야 한다. 복이 없다는 것은 스스로 생계를 영위할 능력도, 생계를 책임지거나 도와줄 사람도 없다는 말이다.

그렇다면, 복이 있다는 것은 무엇일까? 복이 없는 사람의 처지와 반대되는 상황을 상상해 본다면, 생계를 영위할 능력이 있거나 생계를 책임지거나 도와줄 사람이 있다는 뜻이 될 것이다. 석순이 한 번의 여행으로 여의주, 금 단지, 처녀를 얻었다는 것을 상기하자. 한 번 출행해서 대박을 낸 이 여행상품의 이름은 구복여행이었다. 그렇다면 석순이 얻은 것을 통해 복이 무엇인지 살펴보면 복이 있다는 것이 어떤 상황인지 잘 알 수 있을 것이다. 석순의 경우를 브건대, 복이 있다는 것은 생계의 문제를 초월하는 것이다.

석순은 배필과 재물을 얻어 돌아온다. 이 상황은 '미녀'와 '재산'의 획득으로 요약되는 현대의 세속적 성공과 크게 다르지 않다. 여기서 여자의 용도도 성공의 트레이드마크 정도이다. 여자가 생계를 책임지거나 도와줄 것처럼 보이지는 않기 때문이다. 그의 생계를 책임지는 것은 여의주와 재물이다. 금 단지만으로도 큰 재산이지만, 특히 여의주는 가치로 환산하기 어려울 정도다. 석순이 얻은 복에는 생계를 영위할 능력은 포함되지 않는다. 구복 여행을 통해 석순이 갑자기 똑똑해졌다거나 새로운 기술을 배운 것은 아니기 때문이다.

복은 성품이 부지런해서 얻을 수 있는 것도 아니지만, 똑똑하다거나 남다른 기술이 있다고 얻을 수 있는 것은 더욱 아닌 듯하다. 똑똑함이나 특수한 기술은 생계 수단이 된다. 그러나 석순이 얻은 것은 그런 생계 수단이 아니라 재산이다. 재산은 생계 자체를 잊고 살 수 있게 해주기에 생계 수단을 가진 것보다 월등히 좋은 것이다. 다시 말해 복이 있다는 것은 생계 자체를 문제 삼지 않는다는 말이 된다. 그 차이가 뭐 그리 클까 하겠지만, 생각보다 대단하다. 왜냐면 그것은 패러다임의 차이이기 때문이다.

만약 복이 없는 사람이 하루하르 벌어먹는 것이 힘들다고 말한다면 복이 있는 사람은 뭐라고 말할까? 매달 혹은 매년 벌어먹고 사는 것이 힘들다고 할까? 아니면 벌어먹는 것을 신경 쓰지 않는다고 할까? 아니다. 오히려 벌어먹는다는 게 뭐냐고 되물을 것이다. 하루하루 혹은 한

달한달을 걱정하면서 살아본 적이 없으니 그에게는 벌어먹는다는 것에 대한 개념 자체가 없는 것이다. 구복 여행으로 대박이 난 석순의 이야기를 보면, 복이 있는 것과 없는 것은 종이 한 장 차이가 아니다. 하늘과 땅 차이다.

부자의 조건, 선행과 플러스알파

그렇다면, 어떤 사람이 복을 받을 수 있을까? 석순이 복을 구하는 방법을 보면 이에 대한 답이 나온다. 석순의 이야기에는 매우 정교한 형식적 틀이 있다. 그는 복을 타러 가는 과정에서 처녀의 고민, 노인의 고민, 이무기의 고민을 듣는다. 석순은 돌아오는 길에 역순으로 이무기의 고민을 해결하고, 노인의 고민을 해결하고, 처녀의 고민을 해결한다. 이 과정에서 그에게 여의주, 금 단지, 처녀가 생기고 이것이 결과적으로 그의 복이 된다. 그의 구복 여행은 다른 사람들의 고민을 해결하는 과정인 셈이다. 이 이야기는 복을 구하는 방식에 대해 매우 도덕적인 메시지를 전달한다.

> 다른 사람의 고민에 동참하라. 그러면 그것이 모두 네 복으로 돌아오리라.

복을 받는 사람은 남을 위해 노력하는 이타적인 사람이다.

해롤드 래미스 감독이 영화 「사랑의 블랙홀」에서 자기중심적이고 냉소적인 TV 기상예보관 필은 시간을 반복해서 살게 된다. 같은 호텔에서 눈을 뜨고, 똑같은 라디오 방송을 듣고, 같은 축제를 취재한다. 그에게

만 시간이 반복되는 마법에 걸린 것이다. 그는 매
력적인 리타에게 사랑을 느끼지만, 어렵사리 그
녀의 환심을 사도 다음날이 되면 모든 것이 원상
태로 돌아간다. 그는 결국 이 상황을 겸허한 자세
로 받아들여 모든 사람에게 도움이 되는 인간이
되기로 마음먹는다. 음식을 잘못 삼켜 질식하기
직전의 남자, 나무에서 떨어지는 아이, 타이어가
펑크나 쩔쩔매는 할머니들에게 매일 오차 없이
되풀이되는 사건을, 필은 천사처럼 나타나 해결

| 사랑의 블랙홀(Groundhog Day, 1992).

하고 이들을 도와준다. 결국, 필은 리타의 사랑을 얻은 다음날 그토록 기
다리던 '내일'을 맞는다. 박애를 통해 진정한 사랑을 성취하고 시간의 블
랙홀을 빠져나온 것이다. 이 영화 역시 매우 도덕적인 메시지를 전한다.

모든 사람을 사랑하라. 그러면 그것이 모두 네 사랑으로 돌아오리라.

여인의 사랑을 얻는 사람도 남을 위해 노력하는 이타적인 사람이다.
구복 여행 이야기에서는 복이, 「사랑의 블랙홀」에서는 애정이 각각
매개가 된다는 점이 다르지만, 이 두 텍스트는 모두 나의 세계와 다른
이의 세계에 긴밀한 연관이 있다는 사실을 전제한다. 공동의 결핍을 해
결하는 사람이 개인의 결핍도 해결할 수 있다. 부자가 되는 사람은 다른
사람들의 결핍을 해결하는 사람이어야 한다. 물론, 모든 부자가 그런 식
으로 부자가 되는 것은 아니다. 그러나 선행을 하면 복을 받는다는 것은

조선 사람들의 상식이었다는 점을 강조해 두어야겠다.

한 총각이 부자 과붓집에서 머슴 일을 하며 홀어미와 둘이 살았다. 그런데 어느 날 어머니가 세상을 떠나고 말았다. 머슴은 너무 슬퍼서 장사 지낼 생각도 잊고 있다가 할 수 없이 어머니를 산에 묻기로 했다. 그러나 마땅한 자리도 없고 머슴 처지에 지관을 부를 형편도 못되어 아무 곳에나 묻으려고 거적때기로 시체를 말아 지게에 짊어지고 산에 올랐다. 그런데 웬 노인이 언덕배기에 앉아 있다가 머슴을 보더니 어딜 가느냐고 물었다. 머슴이 어머니 장사 지내러 간다고 하자, '다리가 몹시 아프니 급하지 않으면 먼저 나를 저 위에 데려다 달라.'고 하였다. 머슴은 어머니를 조금이라도 늦게 묻고 싶었기에 시체를 내려놓고 노인을 지게에 앉혔다. 한참 산을 오르고 나니 노인이 지게에서 내려달라고 하더니, '쌀 석 되만 주면 금세 부자가 될 명당을 잡아주겠다.'고 하였다. 머슴은 명당을 얻게 된 것이 매우 기뻐서 그렇게 하겠다고 대답하였다. 그러자 노인은 명당을 잡아주고는 빨리 쌀을 가져오라고 하였다. 머슴은 당장 쌀이 없었기에 주인집 과부에게 쌀을 꾸러 갔다. 그때 과부는 잠을 자고 있었는데 꿈에 대문으로 커다란 용이 들어왔다. 그런데 꿈을 깨어 보니, 그때 마침 머슴이 대문으로 들어오고 있었다. 과부는 머슴을 불러들여 인연을 맺었다. 그 후 머슴은 과부와 결혼하여 부자가 되었다.[6]

---

6) 신월균, 『풍수설화, 밀알』, 1994, 211-212면.

선행이 복을 불러온다는 메시지를 전하는 또 다른 일화가 있다.

상정승이 늙어서 은퇴하는데 평생 청렴한 생활을 했으므로 모아 놓은 재산이 없었다. 벼슬자리를 내놓고 나니 살림이 곤궁하여 여러 식솔을 먹여 살릴 수 없었다. 상정승은 노비들에게 노자를 얼마씩 주면서, "너희를 배불리 먹일 수 없으니 이걸 가지고 나가서 열심히 살아라." 하고는 노비 문서를 모두 불태우고 속량해 주었다. 종들은 눈물을 흘리며 집을 떠났다. 그 후 상정승은 먹을 것이 없어 근근이 살아가다 죽을 형편이 되었다. 하루는 아들 세담이를 불러 놓고, "우리 집에 살던 종들을 찾아가 살려달라고 얘기나 해보아라." 하였다. 세담은 내키지 않았으나 아버지의 말을 어길 수가 없어 종들을 찾아 나섰다. 과연 종들은 모두 열심히 일해서 잘살고 있었다. 세담을 보자 종들은 매우 반가워하며 돈 천 냥을 모아 주었다.

세담은 애타게 기다리고 있을 아버지를 생각하며 서둘러 집으로 향했다. 그는 오는 길에 충청도 대천 지방을 지나게 되었다. 그런데 강가에서 웬 노인과 젊은 남녀가 서로 붙들고 실랑이를 벌이는 모습이 보였다. 얘기를 들어보니 젊은 사람이 그 고을 아전인데 노름을 하다 관가의 돈 천 냥을 써버려서 내일까지 갚지 못하면 죽게 된다는 것이었다. 그래서 젊은 내외가 함께 물에 빠져 죽으려 하고 노모는 그것을 말리는 중이었다.

세담은 자기 사정도 급하지만, 목숨이 다급한 이들을 살려야겠다는 마음으로 종들이 모아 준 천 냥을 그들에게 주고 떠나왔다. 집에 돌아와 세담이 그 일을 이야기하자 정승은 무릎을 치며 잘했다고 칭찬하였다. 양식이 없는 세담과 정승은 묵을 베어 먹고 잠을 잤다. 그 후 정승이 세상을 떠났다.

아무것도 없는 집이지만 청렴했던 정승이 죽자 한 지관이 와서 묏자리를 잡아 주겠다고 했다. 지관은 삼대 정승 자리가 있다며 충남 대천 지방으로 세담을 데리고 갔다. 그곳에 기와집으로 날아갈 듯이 지어 놓은 술집이 있는데 그 집 안방 구들 밑이 명당이라는 것이었다. 그러나 세담은 자기 집 안방을 묏자리로 내어 줄 사람이 어디 있겠나 싶어 엄두를 내지 못하였다. 그렇게 망설이던 세담은 기왕 온 김에 술이나 한잔하라는 지관의 말에 따라 안으로 들어갔다. 그런데 들어가 보니 집주인은 바로 몇 년 전 강물에 빠져 죽으려고 했던 그 아전이었다. 집주인은 반가워서 어쩔 줄 모르며 안방 구들을 정승 묏자리로 내주었다. 묘를 쓰고 세담은 큰 부자가 되었고 그 후손은 정승이 되었다.[7]

이들 이야기에 등장하는 인물들은 모두 보기 드문 선행 덕에 명당을 얻고 그 결과 하나같이 부자가 된다. 이들이 부자가 된 것은 선행 덕분이지만, 그 선행을 부로 바꾸는 데에 결정적인 역할을 한 것은 좋은 무덤 터이다. 그렇다면 선행을 하는 사람은 누구나 좋은 무덤 터를 얻을 수 있을까? 『학산한언鶴山閑言』에는 박권朴權이라는 사람이 모친상을 당해 유명한 풍수를 찾아가 무덤 터를 청해 얻는 이야기가 나온다. 그런데 그 무덤 터를 얻은 다음부터 집안에 좋지 않은 일이 계속 생긴다. 아

---

7) 신월균, 『풍수 설화』, 밀알, 1994, 117면.

니나 다를까, 이장하려고 묘를 파니 정말 여러 가지 화환禍患 요소들이 도사리고 있는 흉혈凶穴이었다. 그런데 풍수는 왜 그 무덤 터를 잡아준 것일까? 이 이야기의 말미에는 다음과 같은 논평이 있다.

> 광주 점복자 손필웅孫必雄이 말하기를, "남녀 궁합과 묘지의 길흉은 모두 전정前定으로 정해져 있기 때문에 인위적으로 바꿀 수 없다. 따라서 좋다고 말하는 것은 정해진 그 운수에 맞는 것을 말함이니, 억지로 좋은 곳을 가릴 수는 없는 일이다.

이 논평을 따르자면 박권은 아무리 노력해도 흉혈을 얻을 운이었던 것이다. 명당을 얻을 수 있는 것도 이미 정해진 자의 몫이다. 선행을 한다 해도 전정이 없다면 명당을 얻을 수 없고 부자가 될 수 없다. 선행으로 부자의 대열에 한번 끼어볼 수 있을까 하는 기대는 부질없다.

부와 명당을 연결 짓는 이야기는 많다. 흔히 '풍수설화風水說話'라고 하는 것이 그것이다. 부를 창출하는 유명한 지정학적 대상 가운데에는 솥바위[鼎巖]가 있다. 솥바위는 한자의 생김새부터 부와 관련이 있다.

鼎(정)이란 글씨를 살펴보자. 솥 정鼎은 발이 셋 달린 솥을 뜻한다. 솥은 단순한 도구가 아니라 밥을 지을 때 꼭 필요한 살림살이의 하나이다. 늘 밥을 짓는 솥은 재물에 대한 환유 가운데 하나였다. 가장 유명한 솥바위는 의령에 있다. 예로부터 이 바위를 꼭짓점으로 사방 20리(8km) 안에서 큰 부자가 나온다 했다. 삼성그룹 창업자인 고故 이병철

회장이 태어난 곳이 이 솥바위에서 8㎞ 떨어진 의령군 정곡면 중교리이다. LG그룹 고故 구인회 회장도 이곳에서 7㎞ 떨어진 진주시 지수면에서 태어났다. 게다가 효성그룹 고故 조홍제 회장도 5㎞ 떨어진 함안군 군북면이 고향이다. 솥바위에 얽힌 풍수 이야기가 뭔가 그럴 듯하지 않은가?[8]

다시 선행과 부자의 관계에 대해 생각해 보자. 선행을 하면 모두 부자가 될까? 지금까지 한 이야기를 토대로 정리해 보면 부자가 되는 데에는 두 단계가 있다. 첫 번째는 '선행을 하면 명당을 얻을 수 있다.'라는 단계이고, 두 번째는 '명당을 얻으면 부자가 될 수 있다.'라는 단계이다. 여기서 명당은 이야기마다 조금씩 달라질 수 있다. 흥부전에서는 박씨로, 구복설화에서는 금 단지로 나타난다. 첫 번째와 두 번째 단계를 모두 거치는 이야기도 있지만, 두 번째 단계만 있는 이야기도 많다. 그렇다면, 부자가 되는 방법은 두 가지이다. 첫 번째와 두 번째를 모두 거치는 두 단계 부자와 두 번째 단계만을 거치는 한 단계 부자가 그것이다. 한 단계 부자의 존재는 선행 없이도 얼마든지 부자가 될 수 있음을 의미한다.

'부귀재천富貴在天'이라는 말이 시사하듯 옛 사람들은 선행을 한다고 해서 모두 부자가 된다고는 생각하지 않았다. 솥바위에 얽힌 이야기들만 봐도 선행과 부의 관계는 그리 명확하지 않다. 그런 점에서 큰 부자는 노력 이외에 '플러스알파'가 작용해야 한다는 조용헌의 말은 재미있

---

[8] 「'부귀'잡으려면 솥바위를 품어라」, 『U포터뉴스』, 2007. 04. 30.

다.⁹ 그렇다면 그 플러스알파란 대체 무엇일까? 그것은 첫 번째 단계를 건너뛰어 곧바로 두 번째 단계로 가게 해주는 무료 초대권 같은 것이다. 한 단계 부자들은 사주나 관상에 플러스알파가 있다고 한다. 부자가 되도록 '이미 정해진 것[前定]'이다.

> 옛날에 관상을 잘 보는 사람이 살았는데, 하루는 어떤 가난한 집에서 유숙하게 되었다. 집주인의 관상을 보니 그의 처지와는 달리 부자의 상을 지니고 있었다. 관상쟁이는 매우 의아하게 여겼다. 밤중에 보니 집주인은 발을 툭 툭 차면서 잠을 자고 있었다. 관상쟁이는 비로소 집주인이 가난하게 사는 까닭을 짐작하고, 그날 밤 쇠망치로 집주인의 다리를 꺾어 놓고 도망쳤다. 그 후 집주인은 모든 일이 순조롭게 이루어져 금세 부자가 되었다. 몇 년 후 관상쟁이는 다시 그 집을 찾아가 유숙하기를 청하였다. 관상쟁이는 집주인에게 한쪽 다리를 잃은 이후의 일을 물어보니, 지금은 부자가 되었으니 다리 하나가 없어도 살 만하다고 하였다. 관상쟁이는 자기가 다리를 꺾어 놓고 도망친 사람이라고 말해 주었다. 집주인은 도리어 관상쟁이를 매우 후대했다.¹⁰

한쪽 다리를 잃고 나서야 부자가 된 사람의 이야기이다. 이 사람이 관상쟁이에게 하룻밤 잘 곳을 제공하지만, 특별히 선행이라고 할 것까

---

9) 조용헌, 『조용헌의 담화』, 랜덤하우스, 2007, 65면.
10) 「다리 떨면 복 떨어진다」, 『대계』 9-3, 693-695면. 정재민, 『한국운명설화연구』, 제이앤씨, 2009, 46-47면, 재인용.

지는 없다. 그는 부자가 될 '상相'을 타고난 한 단계 부자이다. 물론 그에게 고난이 없었던 것은 아니다. 다리를 떠는 나쁜 버릇이 있었기 때문이다. 한쪽 다리가 없어지면서 이 버릇을 털어버리는 혹독한 경험을 하지만, 결국 부자가 된다. 신체적 비정상성보다 더 중요한 것이 바로 타고난 부자 상이다. 부자가 될 관상이라면 한쪽 다리가 없어도 부자가 되고, 부자가 되면 그까짓 한쪽 다리쯤이야 없어도 문제 될 것 없다.

구해서 얻을 수 없는 부(富)

부자가 될 사람이 따로 정해져 있다는 생각은 독특한 사물관에서도 나타난다.

양주楊州 송산리松山里에 횡금산橫禁山이 있고 그 아래에 평난장자平難長子가 살았다는 옛날 집터가 있는데, 주춧돌과 긴 섬돌이 지금도 남아 있다. 유몽인(柳夢寅, 1559~1623) 조카 유숙의 얼녀서[11] 최연崔衍이 친상親喪을 입어 여기에 집을 짓고 여묘廬墓 생활을 하려고 했다.
하루는 꿈에 신인이 나타나 말하기를, "이 땅속에 은銀이 들어 있으니 파내라."고 했다. 꿈에서 깨어 기이하게 생각하면서 이튿날 땅속을 파 보니, 다리와 더듬이가 길고 무섭게 생긴 곤충이 나오기에, 두려운 생각이 들어서 그대로 덮어 버렸다. 그랬는데, 이튿날 밤에 그 신인이 또 나타나서 더 깊이 파라고 알려 주었다.
이튿날 몇 자를 더 깊이 파니 벌레는 어디로 갔고 벽돌 하나가 나왔다. 거기에 글자가 양각되어 있는데, '富貴不馮 其主羊生人奪而里之 自羊年始專其女子玉○ ○德元年'이라고 새겨져 있고, 불분명한 글자가 두 자 있었다. 그런데 불분명한 글자의 앞글자는 초두가 조금 보였다. 이 글은 "부귀는 고정되어 있지 않다. 양띠인 사람이 뺏어서 가지고,

---

11) 孼女壻: 첩에서 난 딸의 남편.

'양띠해'에 그 딸 옥○에게 전한다."라는 내용이었다. 그리고 '○덕'은 정덕인 것 같으니, '정덕원년'은 조선 중종 원년으로 100여 년 전에 만들어진 것이었다.

최연이 을미생乙未生이니 양띠인 사람이고, 그의 딸 이름이 처음에 '운영雲英'이었다가 뒤에 '옥영玉英'으로 부르고 있으니 초두의 글자는 '英' 자가 틀림없었다. 그리고 또 그것이 나온 날이 '양의 달[未月] 양의 날[未日]'이었다. 이러니 100여 년 전에 이 물건이 최연에게 발견될 것과 그의 딸에게 전해질 것이 결정되어 있었던 것이다.[12]

이미 100년 전에 최연의 딸 운영에게 은으로 된 기와가 전해질 것이 정해졌다는 이야기이다. 안경, 책 등에도 모두 운명이 결정되어 있다는 이야기도 심심찮게 찾아볼 수 있다. 사람뿐만 아니라 물건에도 운명이 정해져 있다니, 조선시대 운명론의 범위는 범우주론적이다. 그런데 사람에게서 물건으로 운명론을 확대하면서 의미심장한 구석이 생긴다. 물건의 운명이 정해져 있다는 것은 한편으로는 그 물건의 수명이 정해져 있다는 말이기도 하지만, 다른 한편으로는 그 물건의 주인이 정해져 있다는 말이기도 하다. 재물의 주인이 이미 정해져 있다는 생각은 부자가 되려면 플러스알파가 필요하다고 생각해서 지레 부자 되기를 포기하는 사람들을 더욱 의기소침하게 한다.

오늘날에는 재테크 서적이 널려 있어 부자가 되고픈 사람에게 방법을 제시하고 용기를 북돋는다. 그런 책들은 부자가 되는 데 필요한 구체

---

12) 『어우야담(於于野譚)』

적인 지침들을 제시한다. "부자 친구를 두고 조언을 구하라." "받을 돈은 빨리 받고 줄 돈은 늦게 주어라." "세금을 적게 내라." 등 합리적인 원칙도 있지만, 도덕적으로 문제가 있는 지침도 있다. 전통적으로 부는 선행을 통해 얻을 수 있다고 생각했다. "부를 얻고자 하는 자는 선을 쌓고 인을 행하여 하늘의 도움을 얻어야 가능한 것인데, 백 가지 계책으로 부를 구하니 헛될 뿐이다."라는 『천예록天倪錄』의 논평은 그러한 전통적 생각을 잘 대변한다. 계책만으로는 절대로 부를 구할 수 없다는 것이다. 반면 현대인들은 부가 돈 버는 기술을 통해 획득되는 것처럼 생각한다. 도덕적 측면과 경제적 측면을 불가분의 관계로 본 것이 전통적 생각이라면 경제적 측면에서 도덕적 측면을 완전히 분리하는 것이 현대적 생각이다. 이 계책, 현대적 의미로는 '돈 버는 기술'의 위상은 과거에는 무시당하기 십상이었지만, 현대에는 부의 핵심이 되었다.

조선시대에는 구구절절 친절한 재테크 책들이 나올 수 없었다. 일 단계와 이 단계를 모두 통해야 부자가 된다고 생각하든, 이 단계만으로 부자가 된다고 생각하든 간에 재테크 방법은 무의미하다. 부자가 되는 길이 선행에 달렸든, 부자의 상과 팔자가 따로 있든 간에 부자가 되는 방법에 대한 설명은 없었다. 전자처럼 선행을 실천하는 방법은 성인들께서 이미 너무나 확실히 가르치셨고, 부자가 되는 방법은 곧 선행을 하는 방법이니 따로 설명할 필요가 없었던 것이다. 후자의 경우 부자가 될 관상과 팔자는 정해진 것이고, 그것을 얻는 인간적 방법 같은 것은 없기에 부자가 되는 방법은 설명할 수 없는 것이었다. 설명할 필요를 느끼지 못했건, 설명할 수 없었건 간에 부자가 되는 방법 자체가 고민스러운 것이 아니다. 스스로 노력해서 부자가 될 수 있다는 확신이 있어야 부자가 되는 방법을 고민하게 마련이다. 부자가 플러스알파로 이미 정해진 것이라면 우리가 할 수 있는 일은 무엇일까? 다음과 같은 공자님 말씀은 그래서 매우 현명하게 들린다.

부귀라는 것이 구해서 얻을 수 있는 것이라면 비록 채찍 휘둘러 앞길 정리하는 미천한 역일지라도 나는 할 것이다. 만약 구해서 얻을 수 없다면 내가 좋아하는 것을 하겠다.
富而可求也 雖執鞭之士 吾亦爲之 如不可求 從吾所好

| **자공의 석상**
중국 장쑤성(江蘇省) 무쯔먀오(夫子廟)(부자묘)에 있다.

공자가 좋아하는 것은 성품을 닦는 것이었다. 공자의 제자 중 자공子貢은 돈 벌기를 좋아한다고 고백한다. 공자의 제자 가운데 누구보다 자공에 대해 관심이 깊었던 사람이 있는데, 바로 사마천이다. 그는 『중니제자열전仲尼弟子列傳』에서 다른 사람보다 훨씬 더 많은 분량을 할애해서 자공에 대해 서술했을 뿐만 아니라 『화식열전貨殖列傳』에서는 다음과 같이 쓰기도 했다.

자공13은 공자에게 배운 뒤 물러나 위(衛)나라에서 벼슬하고 조(曹)나라와 노(魯)나라 사이에서 물자를 사두기도 하고 팔기도 하여 재산을 모았다. 공자의 70여 제자 중에서 자공이 가장 부유했다. 동문인 원헌(原憲: 자는 子思)은 술 지게미나 쌀겨조차도 제대로 먹지 못하면서 후미진 뒷골목에서 숨어 살았다. 자공은 사마(駟馬)를 타고 기마행렬을 거느리며 비단을 폐백으로 들고 제후들을 방문하여 가는 곳마다 그들이 몸소 뜰까지 내려와 대등한 예로 맞이하지 않는 자가 없었다. 대체로 공자의 이름이 천하에 널리 알려지게 된 것도 자공이 공자를 모시고 다니며 도왔기 때문이다. 이것이 이른바 "세력을 얻어 더욱 세상에 드러난다."라는 것이 아니겠는가.

70여 명이나 되는 공자의 제자 가운데 사마천이 유독 자공을 치켜세운 이유에 대해 그의 처지를 들어 설명하는 사람도 있다. 사마천은 50만 전이 없어서 궁형(宮刑:생식기를 제거하는 형벌)을 당했다. 궁형을 당했을 때 사마천의 관직은 태사령이었고 월급은 600석이었는데 당시의 화폐단위를 고려할 때 50만 전은 그가 먹지도 쓰지도 않고 월급을 모두 저축해도 10년을 넘게 모아야 채울 수 있는 액수였다.14 사마천은 자신의 경험을 통해 돈의 위력을 잘 알고 있었을 터이고 돈 있는 제자의 도움을 받을 수 있었던 공자를 매우 부러워했을 것이라는 논리이다. 실제로 사마

---

13) 子貢: 이름은 賜(B.C. 520~B.C. 456) 중국 춘추시대 위(衛)나라 유학자. 공문십철의 한 사람으로 재아(宰我)와 더불어 언어에 뛰어났다고 한다. 제(齊)나라가 노(魯)나라를 치려고 할 때, 공자의 허락을 받고 오(吳)나라와 월(越)나라를 설득하여 노나라를 구했다.

14) 사마천 원저, 이인호 편저, 『사람에게 비추어 시대를 말하다: 사기열전 上』, 천지인, 2009, 275면.

천이 그런 감흥을 가지고 이 부분을 썼는지는 알 수 없다. 확실한 것은 사마천이 돈 자체에 경도된 것이 아니라 돈의 올바른 역할에 경도되어 있다는 점이다. 사방 100리 안에 굶어 죽는 사람이 없게 하라던 우리나라 경주 최 부자의 말도 돈의 올바른 역할을 환기시키기에 사람들 사이에 널리 회자된다. 특히 두 번째 단계만을 통해 부자가 된 한 단계 사람들에게 노블리스 오블리제는 더욱 중요하다. 나는 부자가 되기 전이든 후든 모두 선행에서 자유로울 수 없도록, 도덕은 부를 이중으로 포위해야 한다고 생각한다.

어느 착하고 독실하지만 지독하게 가난한 어느 신자가 하느님에게 기도를 올렸다.
"제발 복권에 당첨되게 해주십시오."
그는 하루도 빠뜨리지 않고 열심히 기도를 올렸다. 그러나 그가 복권에 당첨되는 행운은 찾아오지 않았고 그는 여전히 가난했다. 인내심 있게 기도를 올리던 그도 드디어 하느님을 원망하기 시작했다.
"어째서 제 기도를 들어주시지 않습니까?"
그제야 하느님이 응답했다.
"아무리 그래도 복권은 사야 하지 않겠느냐?"

복권의 당첨은 신의 소관이라서 어쩔 수 없는 일이라 하더라도, 인간은 최소한 복권은 사 놓아야 한다. 복권을 사는 것이 인간이 할 수 있는 최소의 노력이라고 본다면 '선행'과 비슷하다. 복권은 당첨될 수도 있지만, 그렇지 않을 수도 있다. 선행도 하늘의 마음을 움직일 수 있지만, 그렇지 않을 수도 있다. 선행을 부로 연결하는 것은 선행의 종류나 크기는 아니다. 질이 높고 크기가 큰 선행을 하는 사람이 모두 부자가 될 수 있다면, 선행을 하는 사람의 노력이 전부라는 말이 된다. 그렇다면, '부귀재선富貴在善'이라고 했지 '부귀재천富貴在天'이라고 하지 않았을 것이다. 선행을 하는 사람 가운데 하늘을 움직일 수 있는 자격을 가진 사람이 있고 그것은 이미 정해진 것이기도 하다. 그렇다면, 우리는 어찌해야 할까? 공자님 말씀대로 부자가 되는 것을 포기하고 좋아하는 것을 찾아봐야 할까? 인생은 부를 향해 수직으로 올라갈 수도 있지만 자잘한 즐거움을 통해 수평으로 펼쳐질 수도 있는 것이니까.

2부

운명의 인식

4장. 운명을 알다

떡잎이 누레도 될성부른 나무
정렴, 금혈(禁穴)에 묘를 쓰다
심안(心眼)으로 보는 세상
취조당하는 심안
실재하는 것은 운명인가, 기대인가

떡잎이 누레도 될성부른 나무

우리는 늘 무언가를 예측하면서 살아간다. 비가 올 것 같다든지, 주가가 오를 것 같다든지, 크고 작은 많은 일을 미리 짐작한다. 기상예보관이나 주식분석가는 막연한 짐작이 아니라 데이터베이스를 활용한다는 점에서 조금 다르기는 하지만, 아직 일어나지 않은 일을 미리 짐작하기에 예측한 결과가 꼭 들어맞는 것은 아니다.

미국의 『비즈니스 위크』는 '2008년 최악의 예측 열 가지'를 발표했다. 거기에는 "미국 주가가 상승할 강력한 힘이 도사리고 있을 것"이라든지, "AIG가 큰 이익을 낼 것"이라든지, "미국 주택금융회사 프레디맥과 패니메이의 재무구조가 매우 건전해질 것"이라는 등 엉뚱하게 빗나간 예측들이 포함되어 있다. 이제 모두 알다시피 AIG는 거액의 손실 때문에 정부의 긴급 구제금융을 받았고, 프레디맥과 패니메이는 부실이 심해서 결국 국유화되었다.

기상예보도 불안하기는 마찬가지다. 천둥번개를 동반한 많은 비가 예상된다고 했는데 온종일 화창한 날씨가 이어지는가 하면, 대설예비특보가 발령되었는데 눈송이 한 점 날리지 않을 때도 있다. 슈퍼 컴퓨터를 들여오고, 기상위성을 동원해도 날씨 변동을 정확히 예측하기는 어렵다. 기상청에서 체육대회를 하는 날 비가 왔다는 우스개도 들린다. 정확한 예측을 한다는 것이 그만큼 어려운 일이기는 하지만, 그렇다고 전혀 불가능한 일은 아니다.

『삼설기三說記』의 「황주목사계黃州牧使戒」에는 기생에게 빠져 재산을 탕진하고 학업을 전폐한 아들 삼 형제의 이야기가 나온다.

아버지인 황주목사 윤수현은 방탕하고 뻣뻣한 자식들 때문에 이만저만 속을 썩인 게 아니었다. 삼 형제가 아버지의 훈계를 콧등으로도 듣지 않고 나날이 망나니가 되어 가던 어느 날, 아버지는 자식들을 위해 황주를 떠나 상경하기로 결심한다. 사랑하는 기생들과 뜻하지 않게 헤어지게 된 세 아들은 각각 자기 방식대로 이별을 고한다.
맏아들 용필은 이별이 서러워 울고 있는 기생에게 '송구영신送舊迎新은 기생의 당연한 처사'라고 하면서 냉정하게 꾸짖어 내치고는 코를 골며 잠을 잔다. 둘째 아들 봉필은 기생을 끌어안고, 과거에 급제하여 데려갈 터이니 걱정하지 말고 절개를 굳게 지키라며 달랜다. 셋째 아들 귀필은 기생과의 이별을 서러워하며 자기는 부모를 따라나섰다가 몰래 도망쳐 나와서 아전의 서역書役이나 하며 지내겠다고 한다.
이러한 세 아들의 행동을 지켜보던 아버지는 그들의 앞길을 짐작하고 부인에게 세 아들의 장래를 이야기한다.
"큰아들은 온갖 악을 자행하여 평생 평안하지 못할 것이고, 둘째아들은 간악하여 남 속이기를 잘하고 자신의 이익만을 취할 것이며, 셋째 아들은 태평성대에 여러 작위爵位를 거쳐 온갖 영화를 누린 연후에 정승의 자리에까지 오르게 될 것이오."

훗날 세 아들은 과연 아버지 윤 목사의 말대로 되었다.

윤 목사는 과학자들도 하기 어렵다는 미래에 대한 예측을 정확하게 해낸다. 그러나 그에게 미래를 예언하는 특별한 능력이 있었던 것은 아니다. 다만, 그는 아들들이 기생과 헤어지는 모습을 보고 미래의 일을 추측할 수 있었다. 아버지는 큰아들에게서 매정함을, 둘째 아들에게서 기만성을, 셋째아들에게서 진정성을 보았고, 그들이 각기 수행할 세상의 일을 생각할 때 그러한 예측을 하게 되었던 것이다.

윤 목사는 남녀관계에서의 처신이 다른 인간관계, 가령 군왕이나 백성과의 관계에서도 그대로 드러난다고 생각했던 듯싶다. 기생을 대하는 세 아들의 모습은 윤 목사에게 일종의 '떡잎'이다. 윤 목사는 떡잎만 봐도 나중에 커서 말라빠진 풀포기가 될지, 튼실한 재목으로 자랄지, 알 수 있다고 생각한다. 그리고 그 생각은 맞아떨어진다. 잘될 놈이 잘되고 못될 놈이 못되는 것은 바람직한 일이기는 하지만, 이 서사에는 반전反轉이 없다. 이와 달리 운명설화에는 극적인 반전이 나오기도 하며, 점쟁이들은 흔히 이 반전을 미리 알고 있기도 하다.

이귀는 거리낌없는 성품에 뛰어난 재능을 지니고 있었다. 그는 이덕형, 박경신朴慶新, 윤섬尹暹 등과 한마을에 살면서 함께 공부했다.
하루는 네 사람이 모여 점복자 이인명李鱗命에게 장래를 점쳐 달라 했다. 이인명은 "이귀가 가장 출세할 것이고 이덕형이 그다음이며, 나머지 두 분은 급제는 하지만 그저 그렇다."라고 말했다.

당시 이귀는 과거 공부를 열심히 안 해 별로 드러나지 않았고, 박경신이 가장 젊고 총명해 뛰어났다. 점복자의 이야기를 들은 박경신은 일어나 박장대소하면서, "무슨 점쟁이가 이귀를 가장 출세할 것이라 하느냐? 그만두어라." 하였다.

뒤에 이덕형은 영의정에 올랐지만 53세에 사망했으며, 박경신은 관찰사로서 나이 60은 넘겼고, 윤섬은 홍문관 응교로 40세에 전진戰陣에서 사망했다. 그러나 이귀는 부원군府院君에 봉해지고 77세에 사망했으며, 두 아들(이시백·이시방)은 봉군封君되고 한 아들은 통정通政에 올랐다. 그리고 자손이 크게 번창했다. 뒤에 이귀는 항상 박경신의 이야기를 하면서 웃었다.[1]

| 이귀(李貴, 1557~1633) 영정.

이인명은 네 명의 청년을 두고 점을 쳤다. 당시로써는 과거 공부에 취미가 없었던 이귀가 가장 귀하게 될 것이라고 하고 가장 총명하던 박경신은 그저 그럴 것이라고 한다. 박경신은 점괘를 비웃으며 그만두라고 한다. 현실적으로 이귀는 출세할 수 없을 것 같은데 가장 출세한다고 하고 자신은 가장 크게 출세할 것 같은데 그저 그렇다고 하니 점괘를 믿을 수 없었던 것이다. 현실과 지나치게 어긋난 점괘는 일반인에게 비웃음의 대상이 되기도 한다. 그러나 이 맹랑한 점괘대로 이귀는 부원군으

---

1) 『죽창한화(竹窓閑話)』, 48번.

이덕형(李德馨, 1561~1613) 영정.

로 정일품의 가장 높은 벼슬을 하고 가장 오래 산다. 박경신이 했다는 관찰사는 종이품이니 몇 품계 뒤지는 벼슬이다. 관찰사 역시 아무나 할 수 있는 것은 아니지만, 이귀나 이덕형의 벼슬에 비하면 그저 그런 벼슬이라고 할 수도 있겠다.

운명설화에서는 떡잎이 누레도 나중에 훌륭한 재목이 되거나 떡잎이 실해도 나중에 비쩍비쩍 말라 죽을 수도 있다. 훌륭한 재목이 될 나무와 썩어빠진 나무는 떡잎의 상태와는 상관없이 그 운명이 결정되어 있기 때문이다. 누렇던 떡잎이 어느 날 나약함을 이겨내고, 실했던 떡잎이 어느 날 병든다. 운명설화의 반전은 극적이다.

정렴, 금혈(禁穴)에 묘를 쓰다

앞서도 소개했던 북창 정렴은 도인으로 이름이 높았다. 그는 김시습(金時習, 1435~1493), 이지함과 함께 우리나라 3대 기인奇人의 한 사람으로 불린다. 정렴이 먼 미래의 일을 예측한 이야기는 많지만, 그중 가장 정교한 이야기는 『이순록二旬錄』에 실려 있다. 이 책을 바탕으로 하여 정렴이 금혈에 묘를 쓰게 된 사연을 재구성하면 다음과 같다.

북창은 형제가 여럿인데 다른 제수들과는 달리 막내 제수 구씨具氏를 각별히 공경하고 삼갔다. 그 이유는 집안이 장차 패망하여 대가 끊어질 것이로되, 이 제수가 유독 종자種子를 지켜 가문의 성姓을 보전할 것이기 때문이라 하였다. 그리하여 구씨 제수의 친정 할아버지인 영유공永柔公의 상喪에 이르러서 앞으로 구씨 제수가 정씨의 대를 잇게 할 테니 그에 대한 은혜에 미리 보답하고자 한다면서 북창이 친히 묏자리를 잡아 주었다. 그런데 북창이 영유공의 묏자리로 정해 준 곳은 무학대사가 왕후지지王侯之地라 하여 표해 놓은 곳과 매우 가까웠다. 구씨 제수의 친정아버지인 통율공通津公이 북창에게 금혈禁穴 가까이에 묘를 쓰면 후환이 있을까 걱정하니, 북창은 이렇게 말한다.
"후환은 없습니다. 그뿐만 아니라 장차 후손들은 문무文武가 아울러 드러나게 될 것이고 그중에 한 파派는 아주 청고하게 될 것입니다."

그리고 고집대로 그곳에 묘를 썼다.

그 후에 문정왕후(文定王后, 1501~1565)가 죽자 이 금혈에 묘를 쓰게 되었는데, 무덤을 파다가 중간도 못되어 돌이 나와 포기하고 태릉에 봉하게 되었다. 구씨 집안에서는 안도의 한숨을 쉬었지만, 이것이 끝이 아니었다. 광해군 7년, 1615년에 사건이 하나 일어났다. 광해군이 무예에도 능하고 인망人望이 있던 능창군(綾昌君, 1599~1615)을 역모죄로 강화도로 내쫓은 것이다. 능창군의 아버지는 광해군의 이복형제 정원군이었는데, 정원군은 아들의 죽음으로 실의에 빠져 앓다가 마흔이라는 젊은 나이에 죽었다. 광해군은 정원군이 살아있을 때에도 사람을 시켜 그의 일거수일투족을 지켜보았으며 그가 죽었을 때에도 조문객들을 감시하게 했다.[2]

사정이 그러니 제대로 장사 지내기가 어려웠다. 그래서 구씨 집안의 산 한쪽을 빌려 임시로 하관하게 되었다. 구씨 집안에서는 왕족이 죽었지만, 그가 광해군의 미움을 받았던 정원군이고 보니 산 한쪽을 빌려주는 것으로 금혈 가까이 장사 지낸 일을 무마하게 되었던 듯하다.

그러나 구씨의 산소에 닥친 위기는 이것이 마지막이 아니었다. 몇 년 뒤인 1623년에는 금혈 구역에 출입금지를 알리는 푯말을 세우면서 구역 내의 여러 가문의 무덤을 모두 파라는 명령이 내려졌다. 크고 작은 어려움을 이겨내며 몇십 년 동안 이어지던 구씨 가문의 산소도 꼼짝없이 이장하게 된 것이다. 그런데 어쩐 일인지 영유공의 무덤에 이르러서는 일이 더디게 진행되다가 곧 그만두고 무덤을 복구하게 되

---

2) 『조선왕조실록』, 광해군 11년 12월 29일.

었다. 그 후 정원군의 능은 김포로 옮겨 갔고 금혈 지역은 특별히 민간에 하사되어 세장지지世葬之地가 되었다. 이제 구씨 가문은 왕족이 죽을 때마다 마음 졸이지 않아도 되었다.

영유공의 산소는 양주楊州 군장리群場里에 있는데 이때부터 자손이 매우 번성하여 빛났고 또한 이후로 한 맥은 특히나 높은 벼슬을 많이 했다. 이 맥이 곧 구수훈파具樹勳派이다. 구수훈은 무과에 급제하였지만, 문장으로도 이름이 나서 『이순록』을 지어 후대에 이름을 남겼다. 구수훈 하나만 봐도 "문무가 아울러 드러나게 될 것"이라는 말에 수긍이 간다. 구수훈은 영조 대 사람이다. 16세기 사람이던 정렴이 18세기 후반의 일을 예언했던 셈이다.

금혈을 둘러싼 이러한 반전을, 정렴은 애당초 알고 있었던 듯하다. 그러나 그가 미리 알고 있었던 것은 금혈에 대한 것만이 아니었다. 북창이 막내 제수 집안에 길한 무덤 터를 잡아 준 것은 자기 집안이 패망하여 대가 끊어질 것을 막내 제수 덕분에 면하게 되리란 것을 알고 있었기 때문이었다.

북창은 비록 시대의 아웃사이더이였지만, 그의 아버지는 잘나가는 정승이었다. 북창 집안의 흥망은 아버지 정순붕(鄭順朋, 1484~1548)과 일차적으로 관련이 있다. 정렴의 부친 정순붕은 을사사화(乙巳士禍, 1545)를 일으킨 윤형원 일파의 일원으로, 음모를 꾸미고 많은 사람을 귀향 보내는 일에 가담했다. 그는 을사사화의 공로로 벼슬이 우의정에까지 이르렀다. 정순붕은 한때의 간흉이었지만, 혹은 간흉이었기에 부귀영화를 누렸다. 그는 65세에 죽었는데, 을사사화 때 적몰籍沒한 유관柳灌의 여종이 주인의 원수를 갚고자 염병을 전염시켜 죽었다는 설이 있다. 그렇다면, 악행에 상응하는 벌을 받은 것일까? 정렴의 예언대로 집안은 패망하고 자손은 대가 끊길 위기에 처했을까? 먼저 그 집안 패망사를 알아보자.

사실, 정순붕이 죽고 나서 사신史臣이 쓴 글을 보면 사람들은 그의 죽음을 패망의 징후를 드러낸 비극적인 것으로 여기지는 않았던 듯싶다.

> 무고한 사람을 얽어 명류名流를 일망타진하였으니, 국맥國脈을 손상한 그 죄는 이기(李芑, 1476~1552)와 다를 바 없으나 간사한 해독은 더욱 심하였다. 그런데도 지위는 삼공에 이르렀고 늙어 편히 방에서 죽었으니, 악인에게 화를 내리는 천도天道를 알 수 없다 하겠다.[3]

환갑, 진갑 다 지내고 자기 집에서 죽는 것은 조선시대 노인들의 로망이기도 했다. 사신은 간신 정순붕의 죽음이 '편안'했다는 데에 노여움마저 품었던 듯하다. 그러나 『파수록破睡錄』을 보면 도덕적이고 논리적인 역사가가 알 수 없었던 반전을, 정렴은 미리 알고 있었던 것이 아닌가 하는 의심이 든다.

> 정렴에게는 배다른 아우 정질鄭礩이 있었는데 성품이 요악妖惡해 을사사화에 부친을 악의 구렁으로 유도해 몰아넣었다. 정렴은 부친에게 아우를 경계하라는 뜻을 전한다.

---

3) 『명종실록』, 명종 3년 4월 21일.

"정질은 여우의 정령으로 우리 집을 망칠 것입니다."
부친이 수긍하지 못하자, "못 믿으시면 징험을 보여드리겠습니다."라고 말하고는 정질의 등 뒤에 2, 3촌† 떨어져 앉았다. 그리고 정질에게 일어서라고 말하니, 정질이 아무리 애를 써도 일어나지 못했다. 부친이 기이하게 생각하고 까닭을 물으니, 정렴은 "제가 여우꼬리를 잡고 있기 때문입니다."라고 말했다. 그래도 부친은 정렴의 말을 믿지 않고 정질의 말만 들었다.

정렴이 부친의 살아생전에 아우 때문에 집안이 망할 것을 알려 주었다는 이야기이다. 이보다 좀 더 직접적인 정렴의 예언이 『지봉유설芝峰類說』에 남아 있다.

정순붕이 을사사화에 사람을 많이 해칠 때 정렴은 있는 힘을 다해 이를 말렸다고 한다. 그러나 부친이 듣지 않고 화를 내자 정렴은 "30년 후에 반드시 패망하게 됩니다."라고 말했는데, 과연 을사사화 이후 33년, 부친이 죽고 나서 30년 후인 1577년, 선조 10년에 정순붕은 관직과 훈작勳爵을 박탈당했다.[4] 그의 가문이 정치적으로 패망했다고도 볼 수 있다. 그렇다면, 정순붕과 정렴의 후손은 대가 끊길 위기에 처했을까?

북창은 육 형제였는데 아들을 둔 형제는 북창과 정적鄭磧, 정담鄭礑의 삼 형제뿐이었다. 종손이던 북창의 장남 지복之復에게는 아들이 없었다. 그래서 셋째인 정담과 구씨 사이에 태어난 둘째 아들 정지승鄭之升의 아들 정시鄭時가 지복의 양자가 되었다. 그러나 정시 역시 아들을 얻

---

4) 『지봉유설(芝峰類說)』, 18권, 「方術」.

지 못해서 다시 형의 다섯째 아들을 양자로 삼아 종통을 잇는다.[5] 가문의 대가 끊어진다는 것이 종가를 중심으로 하는 말이라면, 정씨 가문은 분명히 대가 끊길 위기에 처했다가 구씨의 자손을 통해 대를 잇게 되었다고 볼 수 있다. 예언이 거의 들어맞은 것이다.

아들도 여섯이나 되던 우의정 정순붕의 가문이, 정순붕이 죽고 나서 몇십 년 동안 종손이 없어 양자를 두 번이나 들이고, 정순붕의 훈작이 삭탈되는 불운을 겪는 것을 보고 조선시대 사람들은 뭐라고 했을까? 가문의 영달과 자손의 번성을 최고의 가치로 꼽았던 이들에게 정순붕과 그의 후손에게 생긴 일은 분명히 '패망'으로 여겨졌을 법하다. 가문이 한참 영달하고 자손이 번성하던 시기에 정렴은 가문의 패망과 종손의 부재라는 불우한 반전이 기다리고 있음을 미리 알고 있었던 것이다.

도사가 아닌 사람 중에도 현재와 상관없는 미래, 현재와 단절되어 있을 뿐만 아니라 상반된 미래를 예견한 사람이 있다. 『이순록』을 보면 허난설헌은 자신의 죽음을 미리 알고 있었다고 한다.

어느 날 난설헌이 꿈에서 월궁月宮에 갔는데, 월황月皇이 운韻을 부르며 시를 지으라 했다.

푸른 바닷물이 구슬 바다에 넘노니
푸른 난새는 채색 난새와 어울렸구나
아리따운 연꽃 스물 일곱 송이

---

5) 손찬식, 『북창 정렴 전승 연구』, 「국어교육」 63집, 한국어교육학회, 1988, 54-56면.

붉게 떨어져 달밤 서리에 싸늘하네.
碧海浸瑤海
青鸞倚彩鸞
芙蓉三九朶
紅墮月霜寒

| 허난설헌(許蘭雪軒, 1563~1589) 영정.

　꿈에서 깨어난 난설헌은 그 경치가 너무나 생생해서 「몽유기夢遊記」를 지었다. 그녀의 나이 27세가 된 어느 날, 난설헌은 갑자기 몸을 씻고 옷을 갈아입더니 집안사람들에게 "금년이 바로 3·9수에 해당하고, 오늘 연꽃이 서리를 맞아 붉게 되었다." 하고 눈을 감았다고 한다. 아무런 병도 없이 갑작스럽게 죽음을 맞이한 것이다. 집안에 가득 찼던 그녀의 작품들은 다비茶毘[6]에 부치라는 그녀의 유언에 따라 모두 불태워졌다. 만약 『이순록』이 전하는 바가 사실이라면, 젊고 건강한 여인이 연꽃 핀 어느 날 갑자기 자신이 죽으리란 것을 예견하고 있었던 셈이다.

　잘될 놈이 잘되는 것이나 병든 사람이 죽는 상황에서 현재와 미래는 긴밀한 관련을 맺는다. 현재는 미래를 내다볼 수 있는 창이며 미래는 현재의 실현태이다. 현재의 시간은 미래에서 지속한다. 그러나 잘될 놈이 못되고 건강한 사람이 요절하는 상황에서 현재와 미래의 관계를 찾기는 어렵다. 현재는 미래에 대한 별다른 실마리를 제공하지 않는다. 현

---

6) 불교용어로 화장(火葬)을 말함.

재와 미래 사이 어디쯤엔가 단절이 있다. 그래서 현재 눈에 보이는 것에 대한 확고한 믿음은 미래를 아는 데 별로 이롭지 않을 뿐만 아니라 해로울 수도 있다.

심안(心眼)으로 보는 세상

『삼국사기』에는 고구려의 유명한 점쟁이 추남楸南에 관한 이야기가 나온다. 김유신을 죽이려다가 실패하고 붙잡힌 첩자로 백석白石이라는 사람이 있었다. 그의 자백을 보자.

> 나는 본래 고구려 사람입니다. 우리나라 여러 신하가 말하기를 신라의 김유신은 우리나라의 점쟁이 추남이었다고 합니다. 전에 국경에 역류하는 물이 있어서 추남에게 점을 치게 한 일이 있습니다. 그가 아뢰기를 '대왕의 부인이 음양陰陽의 도를 역행하여 그 징조가 이렇게 일어난 것입니다.'라고 하였습니다.
> 왕이 놀라고 괴이하게 여겼는데, 왕비가 크게 노하여 이는 요사스러운 여우의 말이라고 하였습니다. 그리고 왕에게 고하여 다시 다른 일로 징험해 물어서, 실언失言을 하면 중형을 가하기로 하였습니다.
> 이에 쥐 한 마리를 합 속에 넣고 이것이 무슨 물건이냐고 물으니 추남이 아뢰기를, '이는 쥐인데 모두 여덟 마리입니다.'라고 하였습니다. 왕이 실언이라 하여 참형하려 하니 그 사람이 맹세하기를, '내가 죽은 후에 대장大將이 되어 반드시 고구려를 멸망시킬 것이다.'라고 하였습니다. 즉시 그를 참하고 쥐의 배를 갈라보니 그 속에 일곱 마리 새끼가 있었으므로 그의 말이 맞았음을 알았습니다.

그날 밤 대왕의 꿈에 추남이 신라 서현공舒玄公의 부인 품으로 들어간 것을 보고 여러 사람에게 알리니 모두 말하기를, '추남이 맹세하고 죽었는데 과연 그와 같을 것입니다.'라고 하였기에 나를 보내어 이러한 모의를 하게 한 것입니다.

이 이야기에 따르면 김유신의 전생은 한을 품고 죽은 점쟁이 추남이다. 상자 속 쥐의 수를 알아맞힌 사건은 추남이 매우 뛰어난 점쟁이라는 사실을 입증한다. 추남은 쥐의 배 속에 있는 새끼처럼 일반인이 육안肉眼으로 볼 수 없는 것을 본다. 상자 속에 든 것을 맞히는 것은 이중으로 가려진 것을 꿰뚫어보는 심안心眼이다. 상자 속 쥐의 배 속에 든 새끼를 맞히는 것은 삼중으로 가려진 것을 꿰뚫어보는 대단한 심안이다. 이러한 심안은 배우고 습득해서 얻을 수 있는 것이 아니다. 그래서 쥐 배 속의 새끼를 가지고 점쟁이를 시험하는 이야기는 유명한 점쟁이들의 일화에서 자주 언급된다.

조선 명종明宗 때 복술가卜術家 홍계관洪繼寬이 어느 날 자기 명명命을 점쳐 보고는 아무 날에 횡사橫死하리라는 점괘가 나오자 살아날 길을 찾아보니 임금이 계시는 용상龍床 아래 숨어 있으면 횡사를 면한다는 점괘가 나왔다. 홍계관은 왕에게 아뢰어 승낙을 받고 용상 아래 숨어 있었다. 그때 쥐 한 마리가 마당을 지나가자 왕은 홍계관에게 "지나가는 쥐가 몇 마리인지 점쳐보라." 하였고, 홍계관은 "세 마리입니다."라고 대답하였다.

왕은 이 말을 듣고 노하여 홍계관의 목을 베라 하였다. 홍계관이 끌려 나가 형장刑場에 도착하여 급히 점을 쳐보니 한 시간 정도만 버티면 살 수 있다는 점괘가 나왔다. 이에 형 집행을 조금만 늦추어 달라고 사정하자 형리刑吏가 잠시 기다려 주었다.

한편, 홍계관을 형장으로 끌고 가게 한 왕은 그 쥐를 잡아 배를 갈라 보게 하였다. 배 속에는 새끼 두 마리가 들어 있었다. 홍계관의 신기한 점술에 놀란 왕은 급히 신하를 보내어 참형斬刑을 중지하게 하였다. 그 신하는 급히 달려가 형장이 멀리 보이는 곳에서 집행을 중지하라고 소리쳤으나 형리에게 잘 들리지 않는 듯하였다. 그래서 손을 흔들며 중지하라는 표시를 하였다. 그러나 형리는 사형 집행을 서두르라는 신호로 잘못 알아듣고 홍계관의 목을 베고 말았다. 신하가 돌아와 결과를 아뢰자 왕은 "아차 늦었구나!" 하며 매우 안타까워하였다. 그 후로 사람들은 이 형장이 있던 고개를 '아차고개'라 하였는데 그 고개가 곧 아차산이다.

서울 광장동에 있는 아차산의 지명설화地名說話이기도 한 이 이야기에서 홍계관은 왕의 명령으로 지나가는 쥐의 숫자를 점치는데, 그는 용상 밑에 있어 쥐를 직접 볼 수 없는 상태였다. 쥐를 보지 못한 채 쥐의 숫자를 맞히는 것은 상자 속에 든 것 맞히기와 비슷하다. 어떤 이야기에서는 점쟁이들끼리 우위를 다투며 쥐의 새끼 수를 맞히는 내기를 벌이기도 한다. 동물실험은 찬반논란이 분분한 이슈이기는 하다. 그러나 당시에 심안의 여부를 확인하는 방법으로 이보다 더 효과적인 것을 찾기 어려웠던 모양이다.

　조선시대 점쟁이 중에는 맹인이 많았다. 앞서 말한 홍계관도 맹인이었으며, 유운태劉雲台, 함순명咸順命도 맹인이었다. 왜 맹인 점쟁이가 많은지, 그 유래는 분명하지 않으나 맹인은 다른 적당한 직업을 가지기 어려웠다는 점이 그 이유 가운데 하나였다. 이규경李圭景은 『오주연문장전산고五洲衍文長箋散稿』에서 "맹인은 사士·농農·공工·상商 어디에도 끼지 못하므로 의식衣食을 해결할 방법이 없다. 그래서 반드시 주역 점을 배우고, 겸해서 경문經文을 외어 생계를 꾸려간다."라고 하였다.[7]

　이러한 사회적인 이유와 함께 상호작용하는 심리적 이유도 있었다. 맹인은 시력이 있는 사람처럼 보통의 것을 볼 수 없는 대신에 보통사람이 볼 수 없는 신비한 것을 볼 수 있으리라는 일반적 믿음이 있었던 것이다. 쥐의 배 속에 든 새끼의 수를 맞히는 이야기에서 이런 믿음을 확인할 수 있다. 상자에 들어 있는 쥐의 배 속 새끼는 어차피 육안으로는 볼 수 없다. 육신의 눈으로 볼 수 없는 것이라면 육신의 눈이 없어도 상관없다. 그뿐만 아니라 육신의 눈은 진실을 왜곡하기도 한다. 쥐가 한 마리라고 생각해서 점쟁이를 죽이라고 한 왕처럼 겉모습만을 보고 판단하면 일을 그르치는 것이다. 육신의 눈에 의한 왜곡의 가능성이 없다는 점에서 맹인은 점쟁이가 되기에 좋은 조건을 갖추고 있다고 여겨졌을 수 있다. 그래서 유명한 점쟁이 가운데에는 육안을 잃고 나서 신비한 세계를 보는 능력을 얻었다는 이야기도 흔히 들린다.

　심안은 상자 속에 든 것이나, 용상에 가려진 것을 보게 한다. 가려진

---

7) 안대회, 「도덕을 점치는 소경」, 『한겨레』, 2008.10.31. 재인용.

무엇인가를 심안으로 본다는 설정은 매우 의미심장하다. 가려진 공간을 꿰뚫어 볼 수 있는 사람은 미래도 볼 수 있다. 미래와 현재 사이에는 불투명한 막 같은 것이 있어서 현재를 아무리 잘 살핀다 해도 알 수 없는 무언가가 미래에 갑자기 튀어나올 수 있다. 심안으로 보는 미래는 이렇게 현재와 미래 사이의 단절을 전제한다. 현재와 차단된 미래를 보는 것은 상자 안에 든 물건을 보는 것과 비슷하다. 그래서 미래는 심안을 통해서 보이는 세상이다.

취조당하는 심안

과연 미래는 상자 속에 든 쥐처럼 현재와 별개로 고정되어 있어서 심안이 있는 사람만이 살짝 엿볼 수 있는 것일까? 다시 이귀와 박경신이 본 점으로 돌아가 보자. 점쟁이 이인경은 이귀가 가장 크게 출세하리라고 말하지만, 당시 이귀의 학문은 과거에 급제해서 출세할 만한 수준이 못 되었다. 그러나 이야기의 시작부에 나오는 이귀에 대한 묘사를 보면, "거리낌 없는 성품에 뛰어난 재능을 지니고 있었다."라고 하였다. 그렇다면, 그는 점을 보던 당시 성격상 학문에 연연하지 않았을 뿐이다. 다시 말해 그가 학문에 연연하게 되었을 때에는 재능이 빛을 발할 수도 있었을 것이다. 그의 이러한 성격적 특징과 지적 능력을 점쟁이가 미리 알고 그의 출세를 예언한 것은 아니었을까? 인간은 떡잎과 달라서 더 복잡다단하다. 들여다보고 관찰하면 떡잎에서는 발견할 수 없는 숨겨진 측면을 볼 수도 있다. 이인명은 심안이 있는 점쟁이라기보다는 관찰력이 유별난 사람이었는지도 모른다. 이귀의 현재 속에는 촉망될 만한 미래가 들어 있었고 이인명은 뛰어난 관찰력으로 그 미래의 조짐兆朕을 읽어 낸 것이다.

'조짐'이라는 말은 『주역』에 자주 나오는데, 미래를 예측해서 대비하게 하는 역할을 한다. 이 단어를 통해 우리는 『주역』의 시간관을 알 수 있다. 현재를 통해 미래를 알 수 있다는 것은 현재와 미래가 따로 떨어진 것이 아니라는 사실을 시사한다. 그렇다면, 미래는 현재와 상관없이 고정된 실체가 아니라 현재와의 관계 속에서 얼마든지 변할 수 있다. 미래가 고정되지 않은 것이라면, 과거도 고정된 것이 아니다. 과거나 미래가 모두 현재라는 관계론적 장場에서 만날 수 있다. 시간에 대한 이러한 인식에서 미래의 일은 전혀 일어나지 않은 일이 아니라, 구체화되지 않았을 뿐, 이미 현재라는 장 속에 존재하고 있다.[8]

현재와 미래가 '따로' 존재한다고 생각할 때, 현재로서는 알 수 없는 미래의 일을 보는 사람이 점쟁이며, 심안이 있는 특별한 사람이다. 그러나 현재 '속에' 미래가 존재한다고 생각할 때 점쟁이는 현재를 통해 짐작할 수 있는 일을 말할 뿐이고 보통사람보다 조금 예민한 촉수를 가지고 있을 뿐이다. 현재와 미래의 관계에서 '따로'를 선택하느냐, '속에'를 선택하느냐는 우리의 경험에 따른 판단일 수밖에 없지만, 그 선택에 따라 점쟁이의 위상이 크게 달라지는 것은 사실이다.

점쟁이에게 심안이 있는가를 확인하고 싶은 욕망을 가진 사람이 간혹 있다. 주로 과학자들이다. 방가라는 유명한 맹인 점쟁이를 관찰한 로자노프Vasilii V. Rozanov 박사도 그런 과학자 중 한 명이었다. 이종호가 말한 바로는, 방가는 매우 유명한 점쟁이로서 행방불명이 된 사람을 찾아주고 범죄 사건을 해결해 주며 십몇 년 뒤에 찾아올 질병을 진단했다고 한다. 그런데 이 방가가 로자노프 박사를 만나고 자신의 예언이 맞지 않을 수도 있다고 말했다고 한다. 로자로프 박사는 이 지점에 주목한다.

---

8) 이창일, 『소강절의 철학: 선천역학과 상관적 사유』, 심산출판사, 2007, 435면.

나의 등장이 방가의 능력에 제동을 건 것은 사실이다. 그것은 내가 세운 가설, 즉 방가는 면담자들이 말해 주는 내용을 토대로 면담자에게 자신의 마음속으로부터 읽히는 것을 말하고 있다는 근거를 찾아내었기 때문이다.[9]

이 주장을 따르면 점쟁이들이 말하는 미래는 별다른 것이 아니라 현재 면담자의 말을 바탕으로 하여 구성된 것일 뿐이다. 점술가가 상자 속에 있는 미래를 열고 본 것을 말한 것이 아니라 면담자의 말 속에 내재하던 것을 구체화한 것뿐이다. 이 경우 점쟁이는 면담자가 주는 정보 없이 미래를 짐작하기 어렵다. 이런 이유로 유명한 점쟁이 가운데에는 갑자기 신통력이 저하되었다는 평가를 받는 사람도 있다. 고객이 스스로 이야기하지 않아도 점쟁이가 스스로 척척 알아맞힐 수 있으리라는 선입견이 있어서, 아예 정보를 제공하지 않기 때문이다.[10]

점쟁이에 대한 시험은 현재와 '따로' 미래가 있는 것이 아니라, 대부분 현재 '속에' 미래가 있다는 것을 입증하는 방향으로 흘러간다. 미래 속에 잠재한 현재를 읽는 것 역시 특별한 관찰력이기는 하지만, 심안을 통해 미래를 보는 것과는 질적으로 다르다. 심안은 배워서 얻을 수 있는 것이 아니지만, 관찰력은 배워서 얻을 수도 있다. 그래서 점쟁이의 신통력을 취조하는 것은 신비를 과학으로 재단하는 일이다.

현재 '속에' 있는 미래와 현재와 '따로' 있는 미래 가운데 어떤 것을 선

---

9) 이종호, 「인간이 만든 창작품 '점'」 2, 네이버뉴스, 2005. 1. 31.
10) 이종호, 위의 글.

택할 것인가 하는 문제는 미래의 변화 가능성을 놓고 볼 때에도 매우 중요하다. 미래가 현재 속에 있다면 현재 우리의 행동 여하에 따라 미래는 바뀔 수 있지만, 미래가 현재와 따로 있다면 지금 우리가 어떻게 행동하든 미래는 달라지지 않는다. 점술이 말하는 미래의 운명이라는 것은 현재와 관계없이 실재하는 것일 수도 있지만, 현재를 통해 구성되는 어떤 것일 수도 있다.

실재하는 것은 운명인가, 기대인가

운명적으로 정해진 반전처럼, 우리의 힘으로 어찌할 수 없는 운명이 실제로 존재하는 것일까, 아니면 그런 것이 있다고 믿는 것일까? 정렴의 이야기를 보면 몇 세기에 걸친 한 집안의 정치적 굴곡과 탄생할 자손의 부재가 미리 정해져 있는 듯하고, 허난설헌의 이야기를 보면 건강상태와 상관없이 죽을 날이 미리 정해져 있는 듯하다. 그러나 예정된 미래가 있다는 주장에는 많은 이견이 있다.

태몽을 믿는 사람들은 태몽이 임신 사실을 알려 주는 단순한 정보 제공 이상의 역할을 한다고 믿는다. 복숭아를 얻어 품에 넣었다는 것은 곧 예쁜 딸을 얻을 꿈이라 하고, 용이 하늘로 날아오르는 꿈은 권력을 얻을 아들을 출산할 꿈이라 한다. 태몽은 태어날 아이의 성별뿐만 아니라 예쁘다든지, 부유하다든지, 권력을 누릴 것이라는 등의 추가적인 정보를 제공한다. 태몽에는 아이에게 기대할 수 있는 것, 즉 아이의 미래가 암시되어 있다고 믿는 것이다.

유명한 여성학 강사의 어머니에 대한 이야기가 생각난다. 그 어머니는 그녀를 잉태할 때 꾸었던 태몽 이야기를 늘 들려주었다고 한다. 흰 말을 탄 사람이 긴 머리를 휘날리며 말을 달리고, 사람들이 벌떼처럼 그녀를 쫓아가는 꿈이었다. 그 여성학 강사는 최근에 어머니 친구를 통해 그 태몽이 지어낸 것임을 알게 되었다고 한다. 어머니의 실제 태몽은 복숭아 꿈이었다. 복숭아 태몽으로는 이 험한 세상에서 성공하기 어렵다고 판단한 어머니가 딸아이를 위해 상상력을 총동원하여 지어낸 허구가 바로 백마 태몽이었던 것이다. 그런데 딸은 어머니가 지어낸 꿈처럼 정말 강의마다 많은 청중을 동원하는 유명인이 되었다. 이 강사의 어머니가 신기가 있어서 아이의 미래를 미리 알고 그럴 듯한 태몽을 지어 들려주었던 것일까?

이런 사례에 대해 우리가 찾을 수 있는 합리적인 설명 가운데에는 일명 '로젠탈 효과Rosenthal effect'라는 것이 있다. 이 용어는 하버드 대학 심리학 교수인 로버트 로젠탈Robert Rosenthal의 실험에서 비롯된 것이다. 그는 1964년 어느 초등학교 교사들에게 특정 아이들의 명단을 주고 이들의 지능지수가 매우 높아서 공부를 아주 잘할 것이라는 믿음을 심어주게 했다. 사실, 그들은 무작위로 선정된 평범한 아이들이었지만, 학년 말이 되자 실제로 그들의 성적은 상위권으로 드러났다. 이 실험은 교사가 학생에게 거는 기대가 학생 자신에 대한 예언으로 작용한다는 사실을 입증했다.

이런 현상은 꼭 교육계에서만 일어나는 것은 아니다. 커피를 마셨기에 잠이 오지 않으리라고 생각하면 실제로 밤에 잠을 잘 이루지 못하고, 어떤 은행이 파산할 것이라는 소문이 나면 예금자들의 인출금이 급증해서 실제로 그 은행이 파산의 위험에 처하거나 파산하고, 증권시장에서 어떤 주식에 대한 좋은 소문이 돌면 실제로 주가가 오르는 것과 같은 이치이다. 사회학자 머튼Robert Merton은 이 현상에 '자기충족적 예언self-fulfilling prophecy'이라는 이름을 붙이기도 했다. 이 현상은 그리스 신화

피그말리온과 이미지: 신성이 내리다
에드워드 번-존스, 1875~1878년 경, 버밍엄 미술관 소장.

에 나오는 조각가의 이름을 따서 피그말리온 효과Pygmalion effect 라고 부르기도 한다. 피그말리온은 자신이 만든 조각상을 사랑했고, 이에 감동한 아프로디테 여신은 그의 기대를 애틋하게 여겨 조각상을 살아 있는 여인으로 만들어 주었다. 기대는 조각상에 생명을 불어넣기도 한다.

로젠탈 효과, 자기충족적 예언, 피그말리온 효과 중 무엇이 되었든지 간에 강사 어머니의 태몽은 비록 허구이기는 했지만, 아이가 대중을 상대로 하여 성공하는 어떤 일을 하리라는 예언으로 작용했고, 아이는 그 기대에 맞게 성장했다고 볼 수 있다. 이 모든 사례에서 힘을 발휘하는 것은 커피를 마셨다는 사실이나 은행의 재정상태, 주식에 관한 객관적 데이타, 어머니가 꾸었다는 태몽이 아니라, 바로 정신적 효과이다. 이 정신적 효과는 정말 대단해서 아이들의 성적이 실제로 올라가는 것처럼 현실적으로 세상을 바꾸어 놓기도 한다. 이 이론들에 비추어 보자면 예언은 미래 세계에 대한 실제적인 앎(예지)을 전달하는 것이 아니라, 기대를 전달하는 언어체계일 뿐이다. 정렴이 예언한 집안의 몰락과 자손의 빈곤이나, 허난설헌이 예언한 죽음은 그것을 전하는 자료가 허구가 아니라면, 하나의 기대로서 작동한 것이라고 할 수 있다. 로젠탈의 실험 사례처럼 긍정적 기대가 아니라, 부정적 기대가 예언으로 작용했다는 점이 다를 뿐이다.

『괴짜 심리학』의 저자 리처드 와이즈먼Richard Wiseman의 결론도 실재하는 것은 정해진 운명이 아니라 기대라는 사실을 보여준다. 그는 정통 심리학자들이 관심을 두지 않았던 분야에서 신기한 실험을 많이 했다. 흥미있는 실험 가운데 하나는 사람의 별자리와 성격 특성 사이의 연관성에 관한 것이다. 별자리에 따른 성격 특성을 잘 알고 있던 사람들은 점성술이 예측하는 행동 패턴을 그대로 보여주었지만, 별자리에 대한 지식이 전혀 없다고 밝힌 사람들은 별자리에 따라 양식화된 행동 패턴을 보이지 않았다. 그는 이렇게 말한다.

> 결론은 분명했다. 개인이 타고난 별자리는 성격에 어떤 마술적인 영향도 미치지 않았다. 그럼에도, 자신의 별자리와 관련된 성격 특성을 알게 되면서 사람들은 점점 점성가의 예측에 들어맞는 사람이 되어 갔던 것이다.[11]

그에 의하면 자신이 물고기자리라는 것을 알고 있는 사람은 혼자 있기를 좋아하며 감성적인 경향이 있다는 물고기자리의 행동 패턴을 그대로 따라가게 된다는 것이다. 그는 점성술이, 천체의 위치와 운행이 인간에게 미친 영향력에 대한 세부적 기술이라기보다는 인간이 그것을

---

11) 리처드 와이즈먼 저, 『괴짜 심리학』, 웅진 지식하우스, 2008, 26면.

알게 됨으로써 받게 될 영향의 범위이자 기대치라고 생각하는 듯하다.

점성술만이 아니라 관상학에 대해서도 과학적으로 접근하려는 노력을 흔히 볼 수 있다. 최한기(崔漢綺, 1803~1875)는 사람의 관상과 귀천에 대해 다음과 같은 논리를 편다.

> 무릇 귀하고 천한 모습은 누구에게나 나타나는 것인데 좋고 좋지 못하며 아름답고 아름답지 못하며 사랑스럽고 사랑스럽지 못함을 오랜 경험과 옛 글을 참고해 통계를 내서 그 구분을 정하였다. 귀하고 천함이 어찌 사람마다 같아서 한 점의 착오도 없이 귀한 상은 벼슬을 얻고 천한 상은 곤궁하게 살겠는가? 벼슬하는 사람도 더러 천격이 있지만 구차하게 끌어대서 귀격으로 만들고 곤궁한 사람도 더러 귀격이 있지만, 그 사람의 기색을 근거해 천격으로 규정한다. 대체로 인정이 벼슬을 좋아하고 선망해서 벼슬아치의 용모를 귀하게 여기며 곤궁을 얕보고 싫어해서 곤궁한 이의 용모를 천하게 여긴다. 그 근본을 캐보면 좋아하고 싫어함이 귀하고 천함을 갈라, 벼슬이 아니면 귀하게 여기지 않고 곤궁이 아니면 천하게 여기지 않는 탓이다.[12]

최한기는 귀한 상이 벼슬을 얻고 천한 상이 벼슬을 얻지 못하는 것은 아니라고 하였다. 사람들이 벼슬아치의 상을 귀하게 여기고 곤궁한 이의 상을 천하다고 할 뿐이다. 그의 주장을 따르면, 정해진 관상에 벼

---

12) 최한기, 『인정(人政)』 중 「용모」; 이이화, 『한국사 이야기14: 놀이와 풍속의 사회사』, 한길사, 2001, 334-335면 재인용.

슬과 곤궁이 따라오는 것이 아니라, 벼슬과 곤궁에 귀천의 관상학적 평가가 따라온다는 것이다. 운명을 드러낸다고 믿는 관상은 귀한 것을 좋아하고 천한 것을 싫어하는 인간의 습성이 만들어낸 하나의 기대일 뿐이다. 일반인도 흔히 '복 있게 생겼다.' '고생을 많이 한 것 같다.' '사기꾼 얼굴이다.'라는 등 무의식중에 관상가와 같은 판단을 하는데 이런 판단이 전문 관상가의 판단과 일치하는 비율이 38%나 된다고 한다. 이런 수치가 가능한 이유는 관상이라는 것 자체가 경험적 사실을 바탕으로 하여 형성된 체계이기 때문이다.

　이런 사실들은 모두 점술가나 관상가가 현재 자신에게 제공되는 정보를 활용해서 미래를 예언하는 척한다는 것을 암시한다. 과학적 시각으로 보는 점은 예언이 아니라 예측인 셈이다. 그러나 방가도 로자노프 박사 일행의 이름과 과거를 정확히 맞히고, 박사의 선친이 작고한 날짜와 병명까지 맞혔다고 하지 않는가. 한편으로 점술은 과학, 즉 우리 기대에 부응하도록 만들어진 세밀한 심리체계 같기도 하고, 다른 한편으로 신비스러운 현상, 즉 특권이 부여된 사람에게만 모습을 드러내는 상자 속 사물 같기도 하다. 그래서 운명은 한편으로 인간이 만들어낸 허구 같기도 하고, 다른 한편으로 신이 만든 '두루마리' 같기도 하다.

　18세기 프랑스 계몽주의자 디드로Denis Didrot의 소설 『운명론자 자크 Jacques le Fataliste』에 등장하는 자크는 이 세상에서 일어나는 모든 일이 "저 높은 곳에 쓰여 있다."라고 말한다. 그러나 그조차도 하늘에 쓰여 있기에 모든 일이 일어나는지, 아니면 자신이 원하기에 하늘에 쓰여 있다고 말하는 것인지, 헷갈릴 때가 있다. 급기야 그는 말한다.

"둘 다 나란히 쓰여 있죠. 모든 것은 한꺼번에 쓰여 있죠. 그건 마치 커다란 두루마리가 조금씩 펼쳐지는 것과 같은 거죠."

점술이 매력적인 이유는 과학과 신비의 두 영역에 양다리를 걸치고 있기 때문이다. 순수하기만 한 여자보다, 섹시하기만 한 여자보다, 순수하면서도 섹시한 여자가 더 매력적인 것처럼.

5장. 운명을 소통하다

미래를 아는 불편함
설득의 부재와 정치적 곤란
천기누설의 위험부담
비밀스러운 지식, 그 소통의 어려움 혹은 불가능성

미래를 아는 불편함

인간을 일컫는 많은 별칭이 있다. 호모 루덴스니, 호모 폴리티쿠스니 하는 말이 그것이다. 이런 단어들은 인간의 본능 가운데 유희 지향성 혹은 정치 지향성 등이 있음을 시사한다. 그런데 조금 낯설기는 하지만 '점치는 인간'이라는 뜻의 호모 아우구란스homo augurans[1] 역시 인간을 규정하는 별칭 가운데 하나가 되어야 하지 않을까? 이 말은 인간이 본능적으로 미래를 알고 싶어 하며 인간의 역사에 점술이 함께했음을 의미한다. 나 역시 이에 동감한다.

인류가 탄생한 이래 미래를 알려는 노력이 쉬지 않고 계속되었다는 사실에 비추어 볼 때 이 욕망은 아주 근본적인 것이라고 할 수 있다. 그러나 다른 욕망도 그렇지만, 이 욕망에는 많은 위험이 도사리고 있다. 식욕이나 성욕 같은 기본적인 욕망은 과도하면 위험해질 수 있으며, 정도를 지키기 어렵게 하는 유혹이 도처에 숨어 있다. 그러나 미래를 알려는 욕망은 설령 적절한 정도를 지킨다 하더라도, 그것을 품는 순간 이미 위험한 것이 될 수 있다. 그것은 예언의 기본 속성과 관련이 있다.

나는 트로이 전쟁에 관여했던 두 명의 예언가에게서 예언의 속성과 예언자가 처한 불편함, 혹은 고통을 읽는다.

하나는 카산드라의 이야기이다. 아폴론은 트로이 프리아모스 왕의

---

[1] 김만태, 점복 신앙의 미학적 의미, 『종교연구』, 52집, 한국종교학회, 2008.

딸 카산드라를 유혹하려고 그녀에게 예언의 능력을 주었다. 그러나 카산드라는 아폴론이 포옹하자, 약속을 어기고 그를 밀쳐버렸다. 화가 치민 아폴론은 카산드라에게 키스 한 번만 하자고 간청하고 입을 맞추면서 그녀의 예언 능력에서 설득력을 제거해 버

| 트로이의 목마
볼프강 페테젠 감독의 영화 「트로이」(2004)의 한 장면.

렸다. 그 결과, 카산드라는 늘 미래를 예견했지만 아무도 그녀의 말을 믿지 않게 되었다.

    트로이 전쟁이 일어났을 때 카산드라는 트로이군에게 목마를 도시 안으로 들여보내서는 안 된다고 경고했지만, 트로이군은 그녀의 말을 무시했다. 결국, 목마 안에 숨어 있던 그리스 군대의 습격으로 트로이는 함락되었다. 트로이 남자들은 죽고 여자들은 노예가 되었었다. 왕녀 카산드라도 아가멤논 왕의 차지가 되었다. 카산드라는 왕국이 패망하여 큰 고통을 겪었지만, 그녀의 고통은 거기서 끝나지 않았다. 아가멤논과 카산드라를 기다리던 아가멤논의 부인 클리타임네스트라 왕비는 정부情夫 아이기스토스와 공모하여 남편 아가멤논과 그의 애첩 카산드라를 한꺼번에 없애버릴 계략을 꾸몄다. 카산드라는 아가멤논과 함께 궁 안으로 들어가지 않았다. 궁에 저주가 내렸고 피비린내가 진동하리란 사실을 이미 알고 있었기 때문이다. 혼자 궁 안으로 들어간 아가멤논은 욕

카산드라를 죽이는 클리타임네스트라 동판 부조, 아테네, B.C. 570.

실에서 목욕을 하고 나오다가 왕비와 그의 정부에 의해 죽임을 당했다. 왕비는 남편의 목을 잘랐던 도끼를 손에 든 채 궁 밖으로 나와 카산드라도 죽였다.

카산드라는 미래를 내다볼 수 있었지만, 가족조차도 그녀의 말을 믿지 않았다. 사람들은 그녀를 마녀로 취급했다. 엄청난 불행이 다가오고 있다는 것을 뻔히 알면서도 속수무책 아무것도 할 수 없었던 카산드라의 심정은 어땠을까? 조국의 패망과 가족의 죽음은 누구에게나 큰 불행이다. 아무런 예고 없이 이런 사건들과 맞부딪혔을 때 누구나 당황하고 비통하겠지만, 카산드라처럼 미리 알고 있던 비극이 일어날 때 어떤 심정이 될까? 덜 당황하겠지만, 안타까움은 더 클 것이다.

카산드라는 설득력 없는 예언을 하게 되었고 이로 말미암아 큰 고통을 겪었다. 신화가 인간 세상에서 보편적이라고 여겨지는 진리를 담고 있다는 일반론에 비추어 생각해 보면, 예언은 그 속성상 설득력을 확보하기 어렵고, 설득력 없는 예언을 하는 것이 예언가의 운명이라는 해석이 가능하다. 예언은 지금 알 수 없는 것을 말한다. 만약 현재 알 수 있는 것을 바탕으로 자연스럽게 도출되는 미래의 결과를 미리 말한다면 우리는 그것을 예언이 아니라 예측이라고 부른다.

철학에서는 결과가 원인 전에 발생할 수 없다는 이유를 들어 미래를 안다는 주장의 모순을 지적한다. 우리는 무언가가 발생한 후에야 그것을 알 수 있다. 미래의 사건은 아직 발생하지 않았다. 미래의 사건을 안다는 것은 그것이 발생한 동시에 발생하지 않았다는 의미를 함축한다. 발생한 동시에 발생하지 않은 일, 그것은 논리적으로 불가능하다. 철학적 논리로 따지면 예언은 불가능한 것이고, 예언가는 불가능한 일을 직업으로 삼은 사람이다. 그래서 예언은 믿기 어렵고 예언가는 고난을 겪게 마련이다.

이이첨(李爾瞻, 1560~1623)은 조선 중기 사람인데, 당시에 선조의 후사 문제後嗣問題를 두고 대북파와 소북파가 대립하고 있었다. 그는 대북의 영수로서 정인홍鄭仁弘과 함께 광해군의 옹립을 주장하면서 영창대군永昌大君을 옹립하려는 유영경柳永慶 등 소북파를 논박하였다. 당시 선조의 뜻은 영창대군에게 있었기에 그는 왕의 노여움을 샀다. 선조는 그를 멀리 귀양 보내라고 명령하였는데 출발하기도 전에 선조가 죽고 광해군이 왕위를 계승했다. 선조의 갑작스러운 죽음과 광해군의 즉위는 이이첨의 운명을 바꾸어 놓았다. 광해군 시대의 개막은 이이첨 시대의 도래를 의미했다. 그는 유배자에서 일약 예조판서가 되었다. 이어 대제학을 겸임하고 광창부원군廣昌府院君에 봉해지면서 부와 권세를 손에 넣었다. 그는 영창대군을 죽음으로 이끌고 인목대비를 유폐시켰으며 그 과정에서 많은 숙적宿敵을 제거했다. 이이첨이 광해군의 비호 아래 득세하던 1622년 임술년 여름의 일이다.

이이첨이 퇴청하여 집으로 돌아오다가, 맹인 하나가 온몸이 피투성이가 되어 걸어가는 것을 보았다. 가까이 다가가서 그 원인을 물으니 맹인이 말했다.

"공의 여러 아들이 나를 불러 공의 장래에 대해 점을 쳐보라 하기에 사실대로 계해년(癸亥年, 1623년) 3월이 몹시 나쁘다고 했습니다. 그랬더니 공의 아들들이 이렇게 나를 때리고 행패를 부렸습니다."

이름을 알 수 없는 이 맹인 점쟁이 역시 이이첨의 현재 상황과는 사뭇 다른 미래를 예언한다. 당대 최고의 권력과 세도를 누리던 이이첨의 미래가 불과 몇 달 후에 캄캄해진다고 말했으니 이 예언 역시 현실의 흐름을 거스르는, 믿기 어려운 것이었다. 이 점쟁이가 이이첨의 아들들에게 얻어맞은 이유는 허황한 말을 지어낸다는 죄목 때문이었을 것이다. 그러나 이 불쌍한 맹인 점쟁이의 예언은 적중하여 다음해 인조반정이 일어나고 광해군의 총애를 받던 이이첨은 몰락의 길을 걷는다. 그는 처자를 데리고 도망가 숨었다가 체포되어 저자에서 참수되었고 그의 세 아들도 모두 처형되었다. 이렇게 맞는 말을 하고도 맹인 점쟁이는 피투성이가 될 정도로 무차별 폭력을 당한다.

설득의 부재와 정치적 곤란

미얀마 군부는 대대로 점성술가의 예견에 따라 국가를 통치해 왔다. 장군들은 점성술뿐만 아니라 신비술, 숫자점, 흑마술 그리고 버마 주술신앙인 '야다야'를 맹목적으로 믿는다고 한다.[2] 천도遷都할 수도首都, 사면자赦免者의 수, 민주화 항쟁으로 처벌할 인물의 수도 모두 점성술을 비롯한 일종의 미신에 바탕을 두고 정한다. 그러나 이런 현상은 후진국 정치에서만 볼 수 있는 것이 아니다. 미국의 대통령 로널드 레이건과 그의 부인 낸시 레이건도 정치적 결정을 내릴 때 점성가의 도움을 받았다. 거기에는 정상회담 일자, 대통령의 담화문 발표일, 대통령 전용기의 비행 일정 등이 모두 포함되었다.[3]

우리나라에서도 점쟁이와 정치인은 꽤 깊은 관계를 유지한다. 유신維新을 도모하기 전 박정희는 믿을 만한 수하를 당대 최고의 도사로 이름 높았던 박재현(朴宰顯, 1935~2000)에게 보내어 성공 여부를 타진하게 했다고 한다. 박재현은 '유신維新'을 하면 '유령幽靈'이 된다는 점괘를 내놓았다. 박정희는 그의 점괘를 믿는 대신 그를 남산 지하실로 끌고 갔다.

이처럼 정치에 관여하는 점쟁이들은 설득력 없는 예언 때문에 고통받는다. 중국 역사상 유명한 예언가 가운데에 정치에 연관되어 비극적

---

2) 「미얀마 군정, 점술에 꽂히다」, 『내일신문』, 2009. 1. 15.
3) 리처드 와이즈먼 저, 한창호 역, 『괴짜 심리학』, 웅진 지식하우스, 2008, 17면.

인 삶을 산 예언가로 곽박(郭璞, 276~324)이 있다. 그는 특히 풍수로 유명한데, 풍수의 유래를 찾을 때 흔히 그가 쓴 『장서藏書』가 언급되곤 한다. 곽박의 인생도 순탄치 않았다.

곽박은 48세 되던 해 동진 대장군 왕돈王敦의 휘하에서 기실참군記室參軍을 지냈는데, 왕돈은 당시 병권을 장악하여 고소姑蘇에 주둔하며 동진東晉을 얕잡아보고 양주목揚州牧을 자칭하고 있었다. 그러다 병사를 일으켜 모반을 일으킬 심산으로 곽박에게 점을 치도록 명했다. 곽박은 한마디로, "일이 성공하지 못할 것입니다."라고 말하였다. 왕돈은 매우 실망해서 다시 자신의 수명을 점치게 했는데, 곽박은 또 이렇게 말하였다.
"만약 병사를 일으키면 화가 곧 닥칠 것이요, 철병한다면 오랜 세월 장수할 것입니다."
그러자 왕돈이 크게 화를 내며 협박조로 물었다.
"그럼 네 수명은 얼마나 되는지 점쳐 보거라!"
그러자 곽박이 담담하게 말했다.
"제 수명은 진작 점쳐 보았습니다. 저의 목숨은 오늘 끝납니다."
왕돈은 목숨을 걸고 진언하는 것임을 알고 그냥 보내주었지만, 아무리 생각해도 좀처럼 화가 풀리지 않았다. 그래서 결국 그날 저녁 곽박을 잡아다 죽였다.

왕돈은 곽박에게 앞으로 자신에게 일어날 일을 묻지만, 예언을 믿지는 않는다. 현재 그가 분명히 알고 있는 사실은 자신에게 성공할 능력이 있다는 것, 그리고 그것으로 부귀영화를 누리고 있다는 점이다. 앞으로 그가 실패하고, 그에게 화가 미치리라는 예언은 어찌 보면 그가 현재 알고 있는 사실과 정반대되는 것이다. 이렇게 본다면 왕돈이 곽박의 말을 믿을 수 없었던 것은 당연하다. 점을 보는 사람은 현재 자신의 처지에서 믿고 싶은 것을 믿는다. 박정희나 왕돈 모두 자기 휘하의 잘 훈련된 군사의 존재가 형체 없는 점쟁이의 말보다 더 확실하게 믿을 수 있고, 또 믿고 싶은 것이었으리라.

박정희나 왕돈의 태도는 모순적으로 보인다. 점쟁이들의 말을 믿지 않을 거라면 아예 그들에게 미래를 점치게 하지도 말았어야 할 것이다. 반면에 그들의 말을 믿었다면 군사를 일으키지 말았어야 할 것이다. 나는 박정희나 왕돈이 점쟁이들의 말을 신뢰하지 않았다고 불평할 생각은 없다. 앞서 말했듯이 그들에게는 더 신뢰할 수 있는 군대가 있었고, 그것을 신뢰하는 편이 더 합리적이라는 것도 그들은 잘 알고 있었다. 단지, 내가 문제 삼는 것은 박정희나 왕돈이 믿을 수 없는 점괘를 내 놓은 사람들을 처벌했다는 사실이다. 믿을 수 없다면 무시하면 그만이고, 무시한다면 처벌할 이유도 없는데 점쟁이들은 벌을 받는다. 왜 그럴까? 그것은 아마도 점쟁이의 말이 내포한 불온한 힘 때문일 것이다.

점쟁이의 말은 어디까지나 말일 뿐이다. 박재현과 곽박이 군사 반란을 막을 수 없었던 것처럼 점쟁이의 말은 현실을 변화시키기엔 역부족이다. 그럼에도, 박재현은 말 때문에 고초를 겪고 곽박은 목숨을 잃는다. 점쟁이의 말은 물리적으로 힘이 미약하지만, 정신적인 영향력은 농

후하다. 의뢰자의 뜻과 상반되는 점쟁이의 말은 불온한 것으로 여겨지고 듣지 않느니만 못한 것이 된다. 점쟁이는 현실에 개입할 실제적인 힘은 없었지만, 그의 말이 내포한 불길한 가능성 탓에 종종 부당한 대우를 받았다.

> 풍덕豊德 사람 정흥종鄭興宗은 오행五行으로 점치는 법을 익혔다. 하루는 그가 동향 사람인 진복창陣復昌의 문병을 가게 되었다. 그의 집안 사람들이 정흥종에게 진복창의 병세를 점쳐보려고 했다. 그는 가지고 있던 음양서陰陽書를 펼쳐보였는데, 임금과 왕비의 사주가 그 안에 아울러 기록되어 있었다. 사람들이 이상하게 여겨 그 까닭을 물었더니 "내가 늘 보기 때문에 기록한 것이다."라고 하였다. 또 "후분(後分: 후반부 운세)이 선분(先分: 전반부 인세)만 못하다."라고도 하였다. 이 일은 진복창에 의해 조정에 보고되었고, 정흥종은 문초를 당했다.⁴

정흥종에게 집을 빌려주고 친분이 있던 의성위宜城尉 남기南沂까지 이 사건에 연루되어 사형을 당한다. 남기는 왕의 외척이면서 지친至親이었음에도 죽음을 면할 수 없었다.

『조선왕조실록』에서는 정흥종이 성 안에 소유한 땅을 진복창이 매입하려다가 정흥종이 선선히 응하지 않자, 진복창이 분개하여 이런 옥사獄事를 일으킨 것이라고 기록하고 있다. 정흥종이 임금과 왕비의 사주를 보고 그들의 운명을 사람들에게 옮긴 일의 진위는 확인하기 어렵다.

---

4) 『동각잡기(東閣雜記)』

실재한 일이건, 꾸며낸 일이건 간에 우리가 알게 된 사실은 이렇다. 만약 당신이 조선시대에 살고 있고, 누군가와 원한이 있어 그를 파멸시키고 싶다면 그가 임금과 왕비의 사주를 알고 있고, 그것을 사람들에게 발설하고 다닌다고 기관에 보고하면 된다는 것이다.

임금의 사주를 언급하는 일이 왜 문초를 당하고 죽음에까지 이르는 중대한 범죄였을까? 나는 가끔 신문에서 전 대통령들의 사주나 관상을 언급하는 칼럼을 본다. 현대의 어떤 사람에게는 아무 의미 없는 심심풀이, 또 어떤 사람에게는 정국을 이해하기 위한 참고자료, 또 어떤 사람에게는 단순한 호기심 수준을 넘지 못하는 이런 일이 조선시대에는 큰 범죄였다. 거기에는 임금에 대한 사적 담화들이 자유롭게 유통될 수 없었다는 사정도 있지만, 그보다 더 중요한 이유가 있었다. 바로 역모의 '가능성'이었다.

특정인의 사주를 보는 것과 역모의 가능성이 지금 우리에게는 별 상관없는 것처럼 보인다. 하지만 조선시대 왕은 아무나 할 수 있는 것이 아니었다. 왕은 하늘이 점지한 사람이다. 그래서 왕이 될 사주는 따로 있다고 생각했다. 이 말을 뒤집어 보면 사주를 통해 왕이 될 사람을 알아볼 수 있다는 것이다. 조용헌의 말을 빌리자면 왕자들의 사주를 알고 있던 명과학命課學 교수들은 "대권의 향방에 관한 일급 정보를 가지고 있었던 셈"이다. 그래서 "전·현직 현감들이 궁궐 밖에서 명과학 교수와 자주 접촉하면 역모 '가능성'이 있다는 의심을 받았다."[5]

---

5) 조용헌, 『조용헌의 담화』, 랜덤하우스, 2007, 35면.

천기누설의 위험부담

테이레시아스는 오이디푸스 신화에도 등장하는 유명한 예언가이다. 그는 오이디푸스 왕과 왕비 이오카테스 앞에서 선왕 라이오스의 살해자를 밝히라는 종용을 받는다. 그는 또한 나르시소스에게도 예언한다. 오래 살 수 있겠느냐는 그의 어머니 요정 질문에 그는 이렇게 대답한다.

"그렇다. 그가 자기 자신을 알지 못한다면."

테이레시아스는 장님이다. 그가 눈이 멀게 된 이유에 대해서는 크게 두 가지 설이 있다. 하나는 제우스와 헤라의 싸움과 관련이 있다.

젊은 테이레시아스는 어느 날 킬레네 산을 거닐다가 두 마리 뱀이 교미하는 것을 보았다고 한다. 그는 뱀들을 떼어놓다가(혹은 뱀들에게 상처를 입혔다가, 혹은 암컷을 죽였다가) 여자가 되고 말았다. 그로부터 7년 후 그는 같은 장소를 거닐다가 다시금 뱀들이 교미하는 모습을 보았고, 역시 같은 방식으로 개입하여 남성으로 되돌아온다. 이런 사건들로 그는 유명해졌다.

어느 날 남자와 여자 중 어느 쪽이 성교에서 더 큰 쾌락을 누리는가를 놓고 다투던 제우스와 헤라는 테이레시아스에게 물어보기로 했다. 오로지 그만이 양쪽을 모두 체험했을 것이기 때문이다. 테이레시아스는 주저하지 않고 단언하기를, 성교의 쾌락을 열로 본다면 여자에게 아홉, 남자에게 하나가 돌아간다고 대답했다. 여성들의 큰 비밀이 폭로된 데 몹시 성이 난 헤라는 그를 장님으로 만들어 버렸고, 제우스는 그에 대한 보상으로 예언 능력과 장수의 특권을 주었다.[6]

또 다른 이야기도 있다.

청년 테이레시아스가 길을 가다가 우연히 아테네 여신의 알몸을 보게 되었다. 놀란 여신이 두 손으로 청년의 눈을 만지자 청년은 장님이 되고 말았다. 여신은 그를 불쌍히 여겨 그 보상으로 심안(心眼)을 주었다.[7]

테이레시아스가 장님이 된 이유가 여자들의 비밀을 폭로했기 때문인지, 혹은 여신의 알몸을 보았기 때문인지, 어느 쪽이 맞는지는 모르겠다. 그러나 그가 몰라야 할 것을 알고 있거나, 보지 말아야 할 것을 보았다는 것은 '평범 이상의 것'을 알거나 보았다는 점에서 공통적이다. 비밀을 아는 자는 위험하다. 그래서 비밀을 안다는 사실만으로도 경계의 대상이 되며, 혹여 그 비밀을 누설할 때에는 불행한 최후를 맞는 것이다.

신들의 비밀을 알고 누설하는 자에 대한 징계는 오키로이의 사례를 통해 잘 알 수 있다.

---

6) 피에르 그리말 저, 최애리 외 역, 『그리스 로마 신화 사전』, 열린책들, 2003.
7) 『그리스 로마 신화』.

아폴론은 아들 아이스쿨라피우스의 양육을 키론에게 맡겼다. 예언의 능력이 있는 키론의 딸 오키로이는 아이스쿨라피우와 아버지의 앞날을 예언하였다. 아이스쿨라피우스가 저승으로 떠난 영혼을 이승으로 돌아오게 하는 일을 하다가 제우스의 노여움을 사리라는 것, 아버지가 불사의 존재이지만 독사의 피에 중독되어 차라리 죽기를 바라게 되리라는 것을 예언한 것이다. 그녀는 울음을 터뜨리며 말한다.
"죽음의 여신이 내 말을 막는군요. 더 이상 말하지 말라고 하네요. 천상에 있는 신의 분노를 내게 향하도록 하는 것이라면, 내 예언력이 무슨 소용 있을까요? 차라리 미래를 아는 능력이 없었더라면 좋았겠다는 생각이 드는군요."
그녀는 서서히 변하다가 결국 말[馬]이 되었다.[8]

앞서 나는 트로이 전쟁 때 목마를 경계하라던 카산드라 이야기를 했다. 그런데 그리스인들의 계책을 눈치챘던 예언가가 카산드라 외에도 한 사람 더 있었다. 바로 트로이의 신관이었던 라오콘이다. 라오콘은 트로이의 멸망을 예언하면서 트로이 시민에게 목마를 경계하라고 소리치고 병사가 숨어 있는 목마의 복부에 창을 던졌지만 헛수고였다. 오히려 그의 이러한 행동은 그리스 편이었던 아폴론의 노여움을 샀다. 그는 라오콘이 던진 창을 신에 대한 도전으로 여겼다. 라오콘이 괘씸했던 아폴론은 라오콘과 그의 두 아들에게 뱀을 보내어 죽게 했다. 아폴론의 사제들이 신탁을 전달하는 경우가 아니라면, 보통사람이 알거나 보지 못하

---

8) 베티 폰햄 라이스 저, 김대웅 역, 『여신들로 본 그리스 로마 신화』, 두레, 2007, 472면.

는 것을 알거나 보는 것은 신과의 관계에서 결코 유리하지 않다. 그것은 신의 영역을 넘보는 일로 여겨지기에 매우 위험하다.

그리스 로마 신화를 보면 예언의 신 아폴론은 여러 사람에게 자신의 능력을 나누어준다. 시빌(무녀 혹은 여사제)은 아폴론에게서 공적으로 예언하는 능력을 받은 직업여성이다. 아폴론은 개인적인 이유로 자기 마음에 드는 여성에게 예언 능력을 선물하기도 한다. 카산드라의 경우가 그렇다. 그러나 아폴론과 이들의 관계는 그리 우호적이지 않다.

| 라오콘(Laocoon)
제작연대는 B.C. 150~B.C. 50년경. 왼쪽 라오콘의 작은아들은 온몸을 감은 뱀에게 옆구리를 물려 실신했고, 다른 뱀 하나가 라오콘의 허리를 물고 있다. 고통의 신음을 내뱉으며 마지막 안간힘을 쓰는 라오콘의 모습이 처절하다. 오른쪽 큰아들도 겁에 질린 모습으로 뱀에게서 벗어나려고 몸부림치고 있다. 바티칸 미술관 소장.

시빌 가운데 쿠마이Cumae의 시빌은 아폴론의 사랑을 받았다. 아폴론은 그녀에게 소원을 하나 들어주겠다고 했다. 그녀는 양팔로 가득 안은 모래알의 숫자만큼 오래 살게 해달라고 말했다. 그 소원이 이루어지자, 그녀는 곧바로 아폴론의 사랑을 거부했다. 그러나 그녀는 영원한 젊음을 청하는 것을 깜빡 잊어버렸고 천 년 동안 천천히 늙어갔다.

아폴론의 사랑을 거부한 것은 카산드라도 마찬가지였다. 이 예언자

쿠마이의 시빌
미켈란젤로 부오나로티, 1508~1512, 아폴론에게 영원한 젊음을 요청하는 것을 잊어버린 쿠마이의 시빌은 노파로 표현되었다. 바티칸 궁 시스티나 예배당 소장.

들이 아폴론에게서 지혜를 빌렸으면서도 그의 사랑을 거부했다는 사실은 매우 의미심장하다. 이 예언자들의 지혜가 완벽할 수 없다는 한계를 상징적으로 보여주기 때문이다.

1장에서 우리는 우리나라의 유명한 도사 가운데 한 사람인 정렴이 친구에게 수명을 연장하는 방법을 알려 주었다가 자기 수명 17년을 친구에게 떼어 주게 된 사연을 살펴보았다. 정렴의 수명이 단축된 것은 그가 신들의 비밀을 인간에게 알려 주었기 때문이다. 이항복에게 요절할 운명의 친구를 살릴 방법을 누설한 점쟁이도 있었는데 그 역시 친구를 대신해서 죽었다.

동서양을 막론하고 사람의 수명을 관장하는 일은 신의 몫이다. 인간은 자신이나 다른 사람의 수명을 알 수 없을뿐더러, 설혹 알 수 있다 하더라도 감내해야 한다. 아무리 도통한 정렴이라도 수명 연장의 방법을 운운하는 것은 신들에게 월권越權으로 여겨진다. 일반인이 볼 때 도사는 신과 가까운 사람인 것 같지만, 정작 신들에게 도사는 그리 달갑지 않은 존재였는지도 모르겠다.

천기누설天機漏洩이 신의 심기를 건드리는 위험한 짓이기는 하지만, 그로 인해 혜택을 보는 사람에게 누설자는 여간 고마운 존재가 아닐 터이다. 정렴과 이름 모를 점쟁이 덕분에 수명을 연장하고 목숨을 보전한 수혜자들이 있지 않은가. 그러나 수혜자라고 해서 누설자에게 고마움을 표시한 것만은 아니다.

　예전에는 임금의 묘인 왕릉의 터를 잡는 풍수지관을 잡아 죽였다. '하늘이 감춰둔[天藏] '땅의 비밀[地秘]'을 말하고 다닐까 두려워서였다. 그 후 국풍(國風, 임금의 묘터를 고른 당대 최고의 풍수)을 죽이는 일이 너무 잔인하고 아깝다 하여 "저 풍수 잡아라!" 하고 소리를 지르면 풍수가 죽는 시늉을 하는 이벤트로 처형을 대신하기도 했다.[9] 이런 풍습은 천기누설자의 이중고를 짐작하게 한다. 그는 신에게서도, 왕족에게서도 환영받기 어려웠다. 신이나 왕족은 비밀스러운 지식에 대한 독점욕이 있다. 이 지식이야말로 이들을 신답게 혹은 왕족답게 만들어 주기 때문이다. 이 지식을 신들은 본래 가지고 있고, 왕족은 점쟁이와 풍수 같은 매개자를 통해 얻게 된다는 점이 다르기는 하다. 그러나 신과 왕족 모두 천기누설자를 제거하려 한 이유는 마찬가지이다. 이 매개자가 신의 지식을 인간에게 전수함으로써 신과 인간의 차이를 없애버렸기 때문이다. 그 상징적 경우가 바로 인간에게 불과 불의 사용법을 전한 전한 프로메테우스다. 그처럼 매개자는 '선택받은 자' 왕의 지식을 그렇지 못한 자에게 전수함으로써 둘 사이의 차이를 무효화할 가능성이 있다.

---

9) 이규원, 「대한민국 명당이 어디인지 알고 싶으신가요?」, 『세계일보』, 2006. 9. 1.

비밀스러운 지식,
그 소통의 어려움 혹은 불가능성

아폴론은 태양의 신이자 예언의 신이다. 이윤기는 이 두 가지 특징 사이에 밀접한 관련이 있다고 주장한다.

> 아폴론이 태양의 신이라는 것은 그가 지닌 어두운 곳을 밝히는 속성을 의미합니다. 그가 왕뱀 피톤을 죽였다는 사실은 인간의 의식에 묻혀 있는 어둠에 빛을 비추었다는 뜻일 수 있습니다. 그가 예언의 신이었다는 것은 그가 지닌 암흑과 같은 미래, 미지의 속성을 밝히는 것을 의미합니다. 예언이란 '미리 알고 말하기'입니다. 곧 미지의 어둠을 '앎'으로써 밝혀내는 행위입니다. 그러니까 아폴론이 맡은 태양의 신 직분과 예언의 신 직분은 둘이 아니라 하나인 것이지요.[10]

델포이의 아폴론 신전에서 여제관 피티아가 신전 안 대지大地의 터진 틈으로 뿜어져 나오는 증기를 마시고 황홀경에 빠져 신탁을 받고 전한다는 델포이 신탁은 한때 절대적 권위가 있었다. 개인 혹은 국가의 운명이 위태로워 앞날이 근심스러울 때면 누구나 이 신전을 찾아가서 아폴론의 뜻을 물었다. 페르시아 전쟁 때 아테네 시민이 갈팡질팡하다가

---
10) 이윤기, 『길 위에서 듣는 그리스 로마 신화』, 작가정신, 2002, 204-205면.

델포이 신탁대로 전시全市를 내버리고 살라미스에 진을 치고 적의 해군을 격파하여 대승리를 거둔 사실은 서양사에서 유명하다.

그러나 이 전쟁에 관한 델포이 신탁의 메시지는 아주 모호했다. 신탁은 '나무 성벽'을 방어하라는 것이었다. 아테네 병사 사이에 혼란이 일어났다. 신탁이 말하는 나무 성벽은 아크로폴리스를 에워싼 도시의 성벽을 말하는 것일까? 아니면 아테네 군대의 목선 함대를 말하는 것일까? 논란을 거쳐 아테네 군은 철저히 현실적으로 행동했다. 즉, 투표를 했던 것이다. 대부분 선단을 강화하자는 쪽을 택했는데, 그것은 올바른 결정이었다. 얼마 지나지 않아 해전海戰이 발발했다. 아테네 군대는 크세르크세스 함대의 공격을 받았지만, 그들을 물리칠 수 있었다.

델포이 신탁은 메시지를 '드러내지도 않고, 숨기지도 않고, 다만 암시할 뿐'이라고 한다. 그래서 델포이 신탁은 애매모호하기로 유명하다. 아폴론이 '애매한 자'라는 의미로 알려진 것도 어쩌면 그 때문인지도 모른다. 다행히 아테네군은 신탁을 잘 해석했지만, 신탁을 잘못 해석하거나 자기 소원대로 듣는 경우도 다반사였다. 한때 가장 행복한 사내로 살기를 염원했던 리디아의 크로이소스 왕에게 바로 이런 상황이 벌어졌다.

헤로도토스도 이 사건을 묘사했지

| 델포이 신탁의 아폴론 2세기경.

만, 크로이소스는 당시 키로스가 지배하던 페르시아를 공격하기 전에 델포이 신탁에 성공 여부를 물었고, 신탁은 강력한 제국을 파괴하리라고 예언했다.[11] 또 노새가 메데이아의 왕이 되지 않는 한, 리디아는 건전하다고도 했다. 이 대답에 용기를 얻은 크로이소스는 전쟁을 일으켰다. 그러나 결과적으로 그가 파괴한 것은 자신의 제국이었다.

전쟁에서 패배하고 간신히 목숨을 건진 그는 아폴론 신전에 사람을 보내서 신탁의 무책임함을 따졌다. 그가 전해 들은 신의 메시지.

> 내가 페르시아를 치면 큰 제국이 멸망하리라 했는데, 그 제국이란 페르시아가 아니라 리디아임을 크로이소스는 왜 몰랐는가? 모르겠으면 다시 한 번 물어야 할 것이 아닌가? 그리고 노새에 관한 신탁도 그는 잘못 해석했다. 키로스는 노새이다. 즉, 혼혈종混血種이다. 그의 어머니는 메데이아 왕국의 공주이고 그의 아버지는 페르시아 왕국의 평민이다. 키로스는 인종도 계급도 전혀 다른 남녀 사이에서 태어난 혼혈종이다.

아폴론의 신탁이 애초에 어떤 왕국이 망할 것인지 정확히 밝히고, 노새 운운하는 비유를 쓰지 않았더라면 크로이소스에게 불행은 닥치지 않았을 것이다. 대체로 아폴론의 신탁뿐만 아니라 점괘도 몹시 애매하다. 신들은 자신의 비밀을 인간에게 알려줄 때 그리 친절하지 않은 듯하다. 신탁과 점괘에 대한 '해석'은 온전히 인간의 몫이다.

---

11) 낸시 헤더웨이 저, 신현승 역, 『세계 신화 사전』, 세종서적, 2004, 276-277면.

성대중(成大中, 1732~1809)은 『청성잡기青城雜記』에서 여러 일화를 들어 점괘 해석의 어려움을 예시한다.

평안 감사 박엽朴燁이 자신의 운명을 중국 사람에게 물어보았더니 점괘에 "일만一萬을 죽이면 살 것이다."라고 했다. 그는 함부로 사람을 죽이며 일만 명을 채우면 그만두려 했으나 일만 명을 채우기 전에 처형되었다. 김자점이 그를 미워하여 죽였는데, 김자점의 어릴 적 자字가 바로 일만이었다.

홍계적洪啓迪이 운명을 점쳤더니 그의 점괘에 "갑술에 곤궁하게 되리라." 했는데, 그가 화를 당한 것은 갑술이란 자와 대질 심문한 데서 연유했다.

윤구연尹九淵이 운명을 점쳤더니 그의 점괘에는 "삼남에서 죽으리라." 했다. 그는 삼남(충청도·경상도·전라도) 지방의 관직을 피하고 부임하지 않았는데, 마침내 북쪽의 '남'병사南兵使로 부임하여 '남'태회南泰會의 상소에 의해 '남'문南門 밖에서 죽었다.

이 인물들의 여정은 비슷하다. 프랑스의 우화작가 라퐁텐Jean de La Fontaine은 "운명을 피하려고 접어든 길에서 사람은 종종 자신의 운명을 만난다."라고 했는데, 이들의 비극적 여정을 잘 설명하는 말이다. 성대중은 책의 말미에 "점이란 자기 뜻대로 풀이할 수 없는 것이다."라고 쓰고 있다. 그리고 이들 비극의 원인이 점괘를 자의적으로 풀이한 데 있다고 지적한다.

　『청성잡기』에 실린 위의 일화들에서 점을 봐준 사람은 모두 중국인이다. 아무리 유명한 점쟁이라도 점을 의뢰한 사람과 의사소통하는 과정에서 혼선으로 오류가 빚어질 수 있다. 점쟁이와 의뢰자 사이에 언어 장벽이 없다고 해도 이런 오류는 얼마든지 생길 수 있다. 점괘란 늘 모호하게 제시되기 때문이다. 모호함을 없애려면 반드시 해석이 필요하다. 그러나 점괘를 해석하는 존재는 인간이다. 점쟁이가 매개하는 신과 인간 사이의 소통은 기본적으로 오해의 소지가 많은 불완전한 것이다. 이제 점괘의 모호함을 흩어버리는 과정, 점괘의 해석 과정에 대해 좀 더 자세히 살펴보기로 하자.

6장. 운명을 해석하다

개미잡이 새, 징크스와 미신
유사성의 법칙, 그리고 오목 두기
인접성의 법칙과 상징
우연의 연속, 없는 규칙의 발견 혹은 잠행하는 신

개미잡이 새, 징크스와 미신

징크스Jinx는 고대 그리스에서 마술魔術에 쓰던 딱따구리의 일종인 개미잡이(Jynx torquilla)라는 새의 이름에서 유래한 말이다. 본디 불길한 징후를 뜻하지만, 일반적으로 선악을 불문하고 불길한 대상이 되는 사물이나 현상, 혹은 사람의 힘으로 어찌할 수 없는 운명적인 일 등을 일컫는다. 개미잡이라는 새가 어떤 새인지 알 수 없지만 은밀하면서도 집요하게 먹이를 잡는 새가 아닐까? 징크스가 우리에게 은밀하면서도 막강한 지배력을 행사하는 것처럼 말이다.

정서적 안정이 중요한 스포츠 선수들에게는 유난히 징크스가 많다. 골프 스타 잭 니컬러스는 바지 주머니에 1센트짜리 동전 세 개를 넣고 다녔다. 페어웨이를 걸어갈 때 호주머니 속에 든 동전들을 만지작거리면 마음이 안정된다는 게 이유였다. 박세리는 달걀을 먹지 않는데 달걀이 '깨지는' 식품이기 때문이란다.

이런 개인적인 징크스 말고, 집단적인 징크스도 있다. 요즘 충무로 영화관에서는 한류스타 캐스팅을 꺼린다고 한다. 개봉 초기 일본 아줌마 팬들의 단체 관람이 끝나면, 오히려 객석이 썰렁해지는 사례가 비일비재하기에 '한류스타 필패론'이 나돌기도 했다. 그런가 하면, 「인어아가씨」, 「하늘이시여」, 「아현동마님」 등의 드라마가 히트하면서 다섯 글자 제목을 선호하는 현상 역시 징크스의 일종이다. 얼마 전 큰 인기를 끌었던 TV드라마 「아내의 유혹」이나 「꽃보다 남자」도 그런 징크스의 산물이거나 그런 징크스를 공고화하는 텍스트일 수 있다.

징크스에 얽매이는 것은 국적이나 학벌과 상관없다. 하버드 대학생들은 시험을 치기 전에 행운을 빌며 존 하버드 동상의 발을 만지고, MIT 학생들은 발명가 조지 이스트먼 청동상의 코를 문지른다. 몇 년 동안 하버드의 발과 이스트먼의 코는 반질반질 윤이 날 정도였다.[1]

이런 징크스들은 일종의 미신이다. 미신이란 합리적인 근거가 없는 신념을 의미한다. 합리적 근거가 있는 신념은 '믿음' 혹은 '종교'라고 불린다. 그러나 그 경계는 매우 모호하다. 어떤 기독교인은 어려운 상황이 닥치면 성경책을 펴고 눈에 들어오는 아무 구절이나 보면서, 마치 계시처럼 신이 그 구절을 통해 자신의 앞날을 인도한다고 믿는다. 비신자가 볼 때 이런 믿음은 비합리적으로 여겨질 수도 있다. 그러나 나는 무엇이 더 합리적이고 덜 합리적인가를 따지기보다는 징크스와 미신이 어떻게 의미작용을 하며, 어떻게 사람들에게 수용되는가를 생각해 보려 한다.

징크스와 미신은 모두 하나의 현상에 다른 현상을 연결한다. 동전과 안정, 달걀과 실패, 한류스타와 쪽박, 다섯 글자와 대박, 동상의 일부와 시험운 등. 그렇다면, 징크스와 미신이 어떻게 의미작용을 하는지를 살피는 일은 이 두 가지 현상 혹은 사건이나 대상—여기서는 이 모든 것을 포함하는 '기호'라는 용어를 쓰도록 하자—이 관련을 맺는 방식을 살피는 작업이 될 것이다.

---

1) 리처드 와이즈먼 저, 한창호 역, 『괴짜 심리학』, 웅진지식하우스, 105면.

유사성의 법칙, 그리고 오목 두기

두 가지 기호의 연결 방식을 알기 위해서는 프레이저James G. Frazer가 원시인의 주술을 연구하면서 사용했던 용어들을 검토하는 게 좋을 듯싶다. 그는 원시인 주술의 바탕을 이루는 사고의 원리를 분석하면서 두 가지 결론을 끌어냈다. 첫째, '유사類似는 유사를 낳는다.'라는 것과 둘째, '한번 서로 접촉한 것은 실제로 그 접촉이 끝나고 떨어져 있어도 여전히 상호작용을 계속한다.'라는 것이다. 그는 각각의 원칙에 이름을 붙였는데, 전자를 '유사법칙Law of Similarity'이라고 하고, 후자를 '접촉법칙Law of Contact' 혹은 '감염법칙Law of Contagion'이라고 하였다.

유사법칙의 대표적인 예는 누군가를 해치려고 할 때, 그를 상징하는 나무 인형 같은 것을 만들어서 머리나 심장에 바늘을 꽂거나 화살을 쏘는 주술이다. 나무 인형을 상대로 하지만, 그 인형이 상징하는 사람은 바늘로 찌르거나 화살을 꽂은 인형의 부분에 상응하는 신체 부위에 실제로 심한 고통을 느낀다는 것이다.

접촉 주술의 예는 신체적 결합이 끝나고 나서도 신체와 공감적 결합을 유지한다는 일반적인 믿음에서 찾을 수 있다. 이것은 탯줄과 태반에 대한 사고에서 흔히 볼 수 있는데, 실제로 이런 것들과의 공감적 결합감은 매우 강력해서, 탯줄이나 태반을 잘 보존하고 적절히 취급하면 그 사람은 부귀영달을 누리지만, 만약에 훼손되거나 소실되면 그에게 재난

이 닥친다고 믿는다.[2]

앞서 말했듯이 프레이저는 하나의 기호와 다른 기호가 연결되는 방식에 유사성의 방식과 접촉성의 방식이 있다고 했는데, 이것은 우리나라 점복의 기저를 관통하는 은유적 표현에도 잘 나타난다. 점술가들은 사주가 구성하는 오행의 속성에 따라 그 사람의 기질과 성격, 질병 등을 유추한다. 예컨대, 타고난 사주에 나무(木)가 많다면 그 사람은 인자하고 청색을 좋아한다는 식이다.[3]

물론, 이런 비유가 가능한 것은 인간이 태어나면서부터 목, 화, 토, 금, 수의 다섯 가지 기운을 받는다고 믿기 때문이다. 우주는 하늘과 땅으로 나뉘었고, 그 사이의 다섯 가지 기운으로 구성되었기에 우주의 한 부분인 인간 역시 그 다섯 요소의 기운을 받아 태어나게 된다는 것이다. 그리고 인간의 삶 역시 음양오행 질서의 영향을 받을 수밖에 없다.[4]

『주역』의 언어는 비유적이기로 유명하다. 『주역』의 첫 효爻는 건乾 괘인데 그 안에서 상구효上九爻까지를 용龍에 비유하여 설명한다. 이때 용이란 각각의 상황에 처한 주체를 의미한다.[5] 첫 번째 효, 잠룡물용潛龍勿用은 물속에 잠복한 용은 쓰지 말라는 뜻이다. 물속에 잠겼다는 것은 주체의 상황이고, 쓰지 말라는 것은 그 상황에서 길吉함을 이룰 수 있는 방향을 제시하는 것이다. 물속에 몸을 숨긴 용은 함부로 움직여서는 안

---

2) 프레이저 저, 신상웅 역, 『황금가지』, 동서문화사, 2007, 74면.
3) 정승안, 『한국사회에서 점복의 사회적 의미』, 부산대, 석사학위논문, 1998, 48면.
4) 강순명, 『현대 점복행위에 나타난 음양오행사상 연구』, 서강대 대학원, 석사학위논문, 2006, 46면.
5) 정승안, 위의 논문, 49면.

| 이지함(李之菡, 1517~1578) 영정.

된다는 말로서 아직 때가 되지 않아 힘을 모으고 기다려야 하는 상황임을 은유적으로 표현한 것이다.[6]

『토정비결土亭祕訣』 역시 은유로 표현된다. 『토정비결』은 모두 144개의 괘卦로 되어 있는데, 첫 괘는 유변화지의有變化之意이며 마지막 괘는 진달영귀지의進達榮貴之意이다. 첫 문장은 '동풍에 얼음이 풀리니 마른 나무가 봄을 만나도다.'이다.[7]

이런 식의 비유에는 생산적인 측면이 있다. 가령 사주에서 사람의 성격을 목木에 비유하여 표현한다면 그가 금金인 사람을 만났을 때는 어떻고, 토土를 만났을 때는 어떠한지, 그의 재물운과 사업운 등이 시기에 따라 왜 그렇게 변하는지가 그의 사주 구성 안에 모두 들어 있다는 것이다. 그가 만나는 사람과 어떻게 조화 혹은 부조화의 관계를 맺는지, 시기에 따라 그의 운이 어떻게 변하는지, 점술가의 사주 설명은 상황에 따라 은유를 푸는 작업이라고 할 수 있다. 은유를 사용하면 직접적이고 자구적인 언어보다 훨씬 더 많은 것을 전달할 수 있다. 은유가 아닌 다른 방식으로는 전달할 수 없는 것도 있다. 대안적 표현이 없는 것은 아니지만, 그런 표현은 간결함과 강력함에서 아쉬운 점이 많다.

---

6) 이추우 저, 남종진 역, 『주역 이야기』, 다산미디어, 2008, 13면.
7) 정승안, 위의 논문, 49면.

나는 글이 잘 떠오르지 않을 때마다 떠올리는 말이 있다.

'네 번째 돌을 두자!'

나는 잡기雜技에 영 소질이 없다. 그 흔한 오목五目 놀이에서도 별로 이긴 적이 없다. 오목만 두면 내리 지는 나에게 친구가 자신의 비결을 말해 준 적이 있다. 막히리라는 것을 알면서도 일단 둘 수 있는 데까지 두는 것이다. 나는 상대가 내 수를 읽었다는 것을 알게 되면 그 자리에는 바둑돌을 두지 않았다. 그래서 막힐 것이 뻔한 곳에는 네 번째 돌을 두지 않았던 것이다. 친구의 말이 별로 매력적인 조언은 아니었지만, 다른 뾰족한 수가 있는 것도 아니었다. 그래서 그 후로는 수가 궁할 때면 일단 네 번째 돌을 둘 수 있는 곳을 찾아서 두었다. 내리 막히기를 여러 번. 그러다가 내가 여기저기 두었던 네 번째 돌들이 서로 연결되면서 생각지도 못한 곳에서 수가 났고 드디어 나는 오목 두기에서 이겼다.

그때부터 나는 오목 외에도 이런 상황을 종종 연출한다. 글이 잘 풀리지 않을 때 나는 '네 번째 돌을 두자!'라고 다짐한다. 그런데 글이 잘 안 풀리는 상황은 여러 가지여서 네 번째 돌을 둔다는 것도 여러 가지 방식으로 실현된다. 어떤 때에는 이미 쓴 글을 다시 읽어보는 것이 네 번째 돌이 되기도 한다. 때로는 도서관 웹사이트에서 핵심어를 재검색해서 나온 자료 가운데 아직 읽지 않은 것을 검토하는 일이 되기도 한다. 나는 심리적으로 곤궁에 처했을 때 네 번째 돌을 두자고만 다짐했지, 구체적으로 그것이 무엇을 의미하는지, 어떤 상황에서는 왜 그렇게 적용하는지, 곰곰이 생각하거나 기술한 적은 없었다. 그러나 '네 번째 돌을 두자!'라는 말은 내가 처한 상황과 앞으로 해야 할 일과 그것이 가져올 결과를 모두 상술하는 것보다 더 간결할 뿐만 아니라 더 강력한 것만은 분명하다.

> 폐성吠城은 군(청도군) 동쪽 7리에 있는데, 동서쪽이 모두 석벽이었다. 세상에 이렇게 전한다. 고려 태조가 동쪽을 정벌하여 군 지역에 이르렀는데 산적들이 우르르 달려들어 이 성을 점거하고는 항복하지 않았다. 태조는 봉성사의 중 보양寶壤에게 물었다. 보양이 말했다.
> "이는 개의 형상과 같습니다. 밤에는 지키고 낮에는 지키지 않으며 앞은 지키고 뒤는 잊으니 당연히 낮에 그 북쪽을 공격해야 합니다."[8]

고려 태조가 보양에게 점을 봐서 적을 처치한 일화이다. 보양의 점괘는 술戌이었을 것이다. 산적들을 토벌하는 상황에서 술의 점괘가 나왔다는 것은 무엇을 의미할까? 우리에게는 관련성을 찾기 어려운 상황이지만, 보양에게 술은 산적들이 점거하고 있는 형상에 대한 은유가 된다. 보양은 개의 속성을 검토하면서 개가 밤에는 지키고 낮에는 지키지 않는다는 것과 앞은 지키고 뒤는 지키지 못한다는 것을 추론해낸 것이다. 이것을 산적들의 행태에 적용하니, 해결책이 나온다. 낮에 뒤쪽인 북쪽을 공격한다는 전략이 그것이다. 바로 유사성에 바탕을 둔 해석 가운데 하나이다. 개의 속성이 어디 한두 가지랴. 그 속성 가운데 진陣을 마주한 상황에서 선택할 수 있는 속성을 고려하면 적절한 해석이 가능해진다. 우리는 여기서도 비유의 풍부한 생산력을 확인할 수 있다.

---

8) 『동국여지승람(東國輿地勝覽)』 26권.

하나의 기호와 다른 기호를 유사성의 관점에서 연결하는 것은 사주, 주역, 토정비결 같은 특별한 텍스트의 풀이에서만 나타나는 것은 아니다. 개인의 꿈에 대한 해몽 작업도 유사성에 근거를 두고 이루어지는 사례가 많다.

> 이청보李淸甫가 충주 기생 오월梧月을 사랑했다.
> 하루는 이청보가 기생에게 "내가 꿈을 꾸니 아름다운 산과 경치 좋은 강물이 있고 궁실이 정결했으며 또 진귀한 새들과 기이한 짐승들이 있었다."고 말했다.
> 기생 오월이 농담 삼아 해몽하였다.
> "꿈속의 아름다운 산은 산줄기가 빙 돌아 중심 산봉우리에 호응하는 것을 뜻하고回龍顧祖: 풍수설에서 아주 잘생긴 산, 아름다운 강물은 영원한 물결을 뜻하며, 궁실은 무덤 속 석실에 있는 세 계단의 섬돌을 나타내고, 진기한 새와 짐승은 무덤의 좌청룡 및 우백호, 남쪽의 주작과 북쪽의 현무를 뜻하니, 묘지 형상입니다."
> 그 얘기를 들은 이청보는 좋지 않은 얼굴빛을 보였는데, 얼마 후 정말 사망했다.[9]

아름다운 산과 물로 경치가 좋은 곳에 궁전이 있고, 진귀한 짐승들이 노니는 이청보의 꿈은 일견 신선들이 사는 곳을 연상시킨다. 그러나 기생 오월은 이 꿈을 묘지 형상으로 해석하는데, 비록 장남 삼아 하는

---

[9] 『태평한화골계전(太平閑話滑稽傳)』

해몽이지만 꿈속의 경치와 사물, 동물이 빠짐없이 묘지를 둘러싼 배경과 무덤의 꾸밈에 상응한다. 이후에 정말로 이청보가 죽었다는 내용이 뒤따라오니, 오월의 장난스러운 해몽이 적절한 것이었다는 생각이 든다. 오월이 인식하고 있었는지는 모르겠지만, 꿈의 공간을 현실의 공간에 대응시킨 것은 모양의 유사성에 바탕을 둔 것이었다.

똥꿈을 꾸면 돈이 생긴다는 것은 한국인의 일반적 생각인데, 이 역시 유사성에 바탕을 둔 것이다. 무슨 유사성일까? 똥과 황금 사이 색깔의 유사성이다. 유사성에 입각한 해석은 그 종류가 아주 많다. 심지어는 소리의 유사성도 꿈을 해석하는 데 사용된다. 『임하필기林下筆記』에는 남공철(南公轍, 1760~1840)의 꿈 이야기가 나온다.

남공철이 미처 과거에 급제하기 전에 그의 부인이 잠을 자다가 뜰 안에서 시신屍身을 거두어 후원에 장사지내는 꿈을 꾸고 매우 좋지 않게 여기고는 공에게 그 일을 말했다. 공은 기뻐하면서 "내가 정시庭試에 장원이 될 것이오."라고 하였다. 대체로 屍(시)는 試와 음이 같고 葬(장)은 壯과 음이 같고 園(원)은 元과 음이 같기 때문이었다.

흔히 꿈은 현실과 반대라고 한다. 남공철 부인의 꿈이 그렇다. 부인은 기분 나쁜 꿈을 꾸고 좋지 않게 여겼지만, 실제로 일어난 일은 남편의 장원급제였다. 꿈속에서의 나쁜 일이 현실에서 좋은 일이 된다는 '나쁘다-좋다'라는 범주에서 보자면 반대라는 말이 맞다. 그러나 시체의 屍와 시험의 試가 아무리 관련이 없어 보여도 음가音價는 유사하다. 이 꿈의 기호와 현실의 상황은 유사성으로 연결되어 있다. 이렇게 따지면 꿈속의 기호와 실제 사건이 반대가 아니라 일부 유사한 것이다. 이런 해몽은 문잣속이 없는 사람은 흉내도 못 내는 것이다.

인접성의 법칙과 상징

프레이저가 말한 두 번째 법칙, 즉 접촉의 법칙도 꿈을 해석하는 데 자주 사용되는 규칙이다. 그의 두 번째 법칙은 '한번 서로 접촉한 것은 실제로 그 접촉이 끝나고 떨어져 있어도 여전히 상호작용을 계속한다.'라는 것이다. 프레이저는 '접촉의 법칙'이라고 했지만, 이 접촉은 '인접隣接'으로 확대하여 해석할 수 있다. '한번 옆에 있었던 것은 계속 옆에 있는다.'라는 것이다. 다음 이야기를 보자.

> 옛날 세 선비가 장차 과거시험을 보려고 준비하고 있었다. 세 사람이 꿈을 꾸었는데, 한 사람은 거울이 땅에 떨어지는 꿈을 꾸었고, 또 한 사람은 문 위에 쑥으로 만든 허수아비[艾芻]가 달려 있는 꿈을 꾸었고, 다른 한 사람은 바람에 꽃이 날려 떨어지는 꿈을 꾸었다.
> 세 사람이 이 꿈을 해석해 보려고 점몽자占夢者에게 갔더니, 마침 점몽자는 외출하여 없고 그의 아들이 있었다. 그래서 꿈을 얘기하니 그 아들이 해몽해 보더니, 머리를 내저으면서 모두 불길한 꿈이니 이번 과거에는 급제를 바라지 말라고 하였다.
> 그러는 사이 점몽자가 들어왔다. 아들에게서 얘기를 듣더니 점몽자는 아들을 꾸짖고, 다시 해몽해 시구詩句로 다음과 같이 말해 주었다.
> "쑥 허수아비 걸렸으니 사람들이 우러러볼 것이고[艾夫人所望], 거울이

떨어지면 어찌 소리가 없겠는가[鏡落豈無聲]? 꽃이 떨어지면 응당 열매를 맺을 것이다[花落應有實]."
이렇게 시구를 일러 준 다음에 모두 성공하리라고 말하였다. 뒤에 과연 세 사람은 점몽자의 말과 같이 함께 과거에 급제했다.[10]

아마추어 해몽가는 세 선비의 꿈이 모두 불길하다고 풀이한다. 쑥 허수아비의 존재가 왜 불길한지는 모르겠지만, 다른 두 선비의 꿈이 불길한 것은 '깨지다', '떨어진다'라는 말의 부정적 의미 때문이 아닌가 싶다. 깨진다는 것은 계약이 깨지건, 약속이 깨지건 간에 일의 실패를 의미하는 단어 가운데 하나이다. '떨어진다' 역시 불합격을 의미한다. 비록 아마추어의 해석이지만 그럴듯하다는 생각이 든다. 여기에 반격을 가하는 것이 프로의 해석이다. 프로는 세 선비의 꿈을 하나하나 해석한다. 허수아비를 우러르듯 사람들이 꿈꾼 이를 우러러보리라는 것은 앞서 말한 유사성의 원칙에서 비롯된 것이다. 그런데 다른 두 선비의 꿈에 대한 해석의 방식은 첫 번째 선비의 것과 조금 다르다. 거울이 깨지니 소리가 난다거나 꽃이 지니 열매가 맺으리라는 것은 모두 연달아, 즉 인접해서 일어나는 상황이다. 많은 꿈이 유사성에 의거하여 해석되기에 인접성에 의해 해석하는 방식은 아주 새롭다. 프로 해몽가의 해석은 새롭기에 더욱 프로답다.

---

10) 『용재총화(慵齋叢話)』. 이 이야기는 춘향전 완판본에도 나온다. 춘향이가 꾼 꿈을 맹인 점쟁이가 춘향이에게 해몽을 해 주는 장면이다.

꿈 이야기를 조금 더 해보자. 다음은 이유원(李裕元, 1814~1888)의 꿈 이야기다.

갑자년 6월에 북도에 재임할 때 꿈속에서 세 그루 매화가 앞에 벌려 있는 것을 보았다.
첫 번째 것은 나무가 약간 크고 꽃은 시들었고, 두 번째 꽃은 나무가 약간 작고 꽃이 반쯤 벌어졌으며 세 번째 것은 나무가 가장 작고 꽃이 가장자리는 하얗고 가운데는 노란색이었다.
그 꿈을 꾼 날에 저초邸抄가 북도에 도착하여 재상에 함께 임명되었다는 소식을 들었다. 심암心庵 조두순(趙斗淳, 1796~1870)이 영의정에 임명되고 내가 좌의정에 임명되고 하의 임공 백경이 우의정에 임명되었는데, 대체로 임공은 정경으로서 입각하여 금관자를 옥관자로 바꾸었고 나는 이미 승품에 올랐기 때문이었다.

나무의 크기는 관직의 순위를 대변한다. 조두순은 이유원보다 훨씬 연배가 높았는데 연배와 승품의 종류가 꽃의 상태로 나타난 것이다. 알고 보면 이런 것들도 모두 유사성을 토대로 해석한 것임을 알 수 있다. 그런데 이런 관점에서 보면 해석되지 않는 것이 있다. 바로 이 꿈의 해석에서 핵심이라고 할 만한 매화꽃의 의미이다. 매화는 임금을 상징하는 꽃이다. 매화와 임금은 유사한 것도, 인접한 것도 아니다. 굳이 따지자면 매화꽃의 고매함이 임금의 고매함과 닮았다고 할 수 있을 정도이다. 그런데 매화꽃이 고매하다면 오히려 귀부인의 상징이 되어야 하지 않을까? 매화꽃이 임금을 의미하는 것은 기호 자체와는 큰 상관이 없어 보인다.

 이처럼 유사성도, 인접성도 없는 것, 기호 자체로 보자면 상관없는 것 같은데 서로 연결되어 해석되는 것을 '상징'이라고 한다. 꿈 해석에 상징이 개입하는 경우는 흔하다. 서거정은 중국 땅에 사신으로 가다가 꿈을 꾸었는데 달에 이상한 징조가 보였다. 서거정은 이것이 병상에 있는 어머니와 관련 있는 꿈이라고 해석하고는 걱정하였다. 그 추측은 맞았는데, 중국에서 돌아오자 어머니가 돌아가셨다는 소식을 듣는다. 일반적으로 해는 아버지, 달은 어머니를 상징하기에 달에 나타난 이상한 징조를 통해 어머니 신변에 큰일이 일어났음을 추론했다고 한다. 이런 상징은 개인의 영역을 떠나 집단이 공유한다. 누군가의 말을 빌리면 "상징은 '집단 의식' 혹은 '공동체 의식'이라는 어머니 배 속에서 키워진다."

 이륙(李陸, 1438~1498)의 『청파극담靑坡劇談』에는 까치집과 관련한 집단적 의식이 나타나 있다.

 내가 어릴 적에 까치집이 집터에 있었다. 나는 아이들과 그 나뭇가지를 찍어 둥지를 땅에 떨어뜨렸다. 둥지에는 새끼가 들어 있었으며 속으로 새끼가 죽을까 불쌍하게 여겼다. 또 남쪽이 복지福地라 하여 둥지를 집의 남쪽에 있는 홰나무 가지에 올려놓았다. 그곳에서 새끼가 자라 날아갔다. 그해 겨울에 선군先君께서는 군기록사軍器錄事로서 국가의 위난에 참정하였으며 공이 삼급을 뛰어넘어 예랑禮郎을 제수받으셨다. 뒤에 청파靑坡에다 따로 정남향으로 집을 지으니, 집 앞 대추

나무에 까치집이 있었는데 바로 정남방이었다. 어떤 여비가 까치집을 헐어 땔감으로 썼는데 그 다음해에 다시 그 나무에 집을 지었다. 그해가 바로 예종睿宗이 즉위한 이듬해인 을축년이었다. 나는 사회司誨로서 장명掌命을 제수받았다. 신묘년 봄에 까치가 날아와 집의 남쪽 마당 나뭇가지에 집을 지었다. 내 웃으며 예부터 말하기를 까치가 집을 지으면 영험하다 하였으니 집안 모두 복을 받을 것임이 틀림없다고 하였다. 청지기가 말하기를, 그 까치집이 조금 동쪽에 가깝다고 하였다. 집의 執義 유경柳輕이 과연 승지를 제수받았다. 이런 지 오래되어 까치가 아무 연유 없이 집을 헐더니 다시 정남쪽에 새집을 지었다. 그해 여름에 임금님께서 아무개 등이 직책을 맡을 만하다 칭찬하시며 과분하게 하교를 내리시고는 모두 벼슬을 더하여 주셨다. 나는 집의 손순효孫舜孝와 당상관에 올랐다. 갑신년 봄에 까치가 다시 집의 남쪽에 있는 대추나무에 집을 지으니, 집을 짓지 않은 지 14년 만에 다시 집을 지은 것이었다. 정이상鄭二相이 와 시를 지어 이 일을 축하해 주었다. 여름에 과연 허리에 금인을 차고 영남의 안찰사로 나가게 되었다. 이를 본다면 사람들의 말이 결코 허황되지는 않는다.

이륙의 이 기록은 까치집이 지어지고 나서 아버지나 자신이 벼슬을 제수받거나 승진하게 되었다는 내용의 일화를 다섯 차례에 걸쳐 언급하고 있다. 까치집과 집안의 경사 사이의 연관은 도대체 왜 생긴 것일까? 까치가 집을 지은 사실을 착각했거나, 별일도 아닌 것을 '경사'라고 오인한 것은 아니다. 논리적으로 따지자면 관찰 자체가 잘못된 것이라기보다는 관찰한 현상을 잘못 해석한 것이다.[11] 까치가 집을 지은 '우연한 사건'에서 아버지나 자신이 벼슬을 제수받았다는 '너무나 많은 의미'를 끌어낸 것이다. 농구선수가 연속으로 두어 골을 넣고 나면 안정을 찾고 자신감이 생기며 손에 '공이 붙어서' 이후에도 골이 잘 들어간다는 '핫핸드hot hand' 현상도 마찬가지이다.[12] 우연히 연속 들어간 골에 공이 손에 붙어 잘 들어간다는 의미가 잘못 결합한 것이다.

하늘이 무너지는 꿈으로 임금의 사망에 대한 암시를 받는다든가, 누군가가 용으로 변하는 꿈을 꾸고 왕이 되었다는 등의 이야기는 모두 하늘과 임금, 용과 왕 사이의 상징적 관계에 바탕을 둔 것이며 이러한 두 사물 사이의 연관성은 개인적이라기보다는 집단적인 것이다. 우리나라를 비롯한 동양에는 매우 섬세하고 복잡한 집단적 상징체계가 있다. 앞서 말한 음양오행에서 비롯된 상징체계가 그것이다.

> 이현배李玄培가 진주 목사를 지내던 시절 한 어부가 백어白魚를 바쳤는데 고기의 몸체가 완전히 하얀 백색이었다. 이현배의 첩이 이것을 삶아 먹고 그달에 임신해 아이를 낳았다. 이 아이의 머리가 하얗고 피부도 옥같이 고왔으며, 눈동자는 약간 노란 색을 띤 백색이었다.
> 이 아이가 10세쯤 되어 독서를 하는데 매우 총명했고, 대낮에는 물체를 잘 보지 못했으며 태양을 쳐다보지도 못하고 항상 땅을 내려다보고 행동했다. 그러나 밤에는 어두운 방안에서 작은 글자를 다 읽었다.

---

11) 로버트 길로비치 저, 이양원·장근영 역, 『인간 그 속기 쉬운 동물: 미신과 속설은 어떻게 생기나』, 모멘토, 2008, 48면.
12) 로버트 길로비치 저, 이양원·장근영 역, 위의 책, 23면.

이에 뜻 있는 사람들은 이 아이가 병상兵象이라고 걱정했는데, 13세에 죽고 이듬해 임진왜란이 일어났다. 백색은 서방西方 상징의 '쇠붙이金色'에 해당하므로 전쟁 징조가 맞는 것이다.[13]

    백색의 아이를 보고 전쟁을 걱정하다니, 상상력이 지나친 게 아닌가 싶기도 하다. 그러나 동양의 상징체계에서 색깔은 주관적 이미지에만 한정되지 않고, 방위, 오행, 계절까지 두루 연관된다. 백색은 서쪽의 상징이기에 서쪽을 지키는 신령한 동물은 백호白虎이다. 백호는 또한 오행 중에서 쇠金를 상징하며, 계절 중에는 가을을 관장한다. 백호와 대칭을 이루며 동쪽을 지키는 동물은 청룡靑龍이다. 청룡은 오행 중에서는 나무(木)의 속성을 지니고 있으며, 계절 중에서는 봄을 관장한다. 이렇게 서쪽과 동쪽, 흰색과 청색, 가을과 봄, 금과 목은 서로 대립하는 한 쌍이다. 그런데 이 쌍들은 각각 독립한 상태에 있는 것이 아니라 다른 범주들과 관련을 맺는다. 이것은 다른 두 쌍의 사방신의 경우에도 마찬가지이다. 주작朱雀은 남쪽을 수호하며 오행 중에서는 불(火)의 속성을 지니고 있으며, 계절 중에서는 여름을 관장한다. 현무玄武는 북쪽을 수호하며 오행 중에서는 물(水)의 속성을 지니고 있으며 계절 중에서는 겨울을 관장한다. 이렇게 하나의 기호를 다른 기호들과 두루 연관시키는 것을 '상관적 사유correlative thinking'라고 한다.

    두루 연관되어 있다고 하지만 그 연관은 크게 두 가지 방향으로 나타난다. 먼저 짝을 이루는 두 항의 기호가 있고 이 기호들이 시공간

---

13) 『어우야담(於于野譚)』

의 추이에 따라 서로 항을 바꾸고 새로운 관계로 조정되는 방식이 있다.[14] 이렇게 색깔·방위·오행·계절이 두루 연결되어 있는데 이들은 원인과 결과의 관계로 연결된 것이 아니다. 흰색과 서쪽을 연결하는 데 과학적이고 합리적인 이유는 없다. 그래서 이것을 '무인과적 연결acausal connecting principle'이라고 부를 수 있다. 하나의 기호에 짝이 있고, 그 한 쌍이 다른 쌍들과 관계를 맺는 상관적 사유의 바탕에는 이 세상 만물이 하나의 호흡이며 모두 연결되어 있다는[15] 우주론이 자리 잡고 있다. 이런 무인과적 연결은 도사들에게서 그 양상이 매우 다양하게 나타난다.

조선 중기 학자로 역학易學·풍수風水·천문天文·복서卜筮·관상觀相 등에 도통하여 많은 일화를 남긴 도사 남사고(南師古, 1509~1571)는 명종 말년인 1567년경에 서울의 지형을 보고 선조 대에 가면 조정이 동서 당파로 갈릴 것을 예언했다.

> 동쪽에 낙봉駱峰이 서쪽에 안현鞍峴이 있어 두 산이 서로 다투는 형상이므로 반드시 동서東西의 다툼이 있을 것이다.

그런가 하면 현대의 도사 박재현은 장판의 색깔을 보고 한약방에 오는 손님이 황黃씨라는 것, 방안에 있던 대접에 담겨 있는 물이 아주 맑게

---

14) 이창일, 「천근과 월굴 —『주역』의 그림과 자연주의적 사유」, 『기호학연구』 22집, 한국기호학회, 2007년, 222면. 두 항의 짝을 이루는 기호는 대대(對待), 이 항들이 시공간의 추이에 따라 다른 범주의 짝들과 관계를 맺는 것을 변역(變易)이라고 한다.
15) 이창일, 『소강절의 철학—先天易學과 상관적 사유』, 심산, 2007, 127면.

겸재의 한양진경 중 안현석봉
안현은 봉원사와 이화여대, 연세대를 품고 있는 큰 산이다. 산 모양이 말안장처럼 생겼다고 해서 안산 또는 안현이라고 불렀다. 간송미술관 소장.

보여 그 사람의 이름이 하수河洙라는 것을 알았다고 한다.[16] 지형으로 당파를 예언하고 방안의 장판 색깔과 대접의 물을 보고 방문객의 이름을 알아맞힌다. 지형과 당파, 색깔과 이름 사이에는 아무 연관도 없다. 이들의 연결은 무인과적 연결의 극단적 예라고 할 수 있다. 이들이 사물과 사물을 연결하는 방식은 책에 나온 바도, 전범을 따라 한 것도 아니다. 남사고나 박재현은 모두 한때 도사라고 불리던 사람들이다. 이들은 없는 규칙을 만드는 데에도 도사들이다.

---

16) 조용헌, 『조용헌의 담화(談畵)』, 랜덤하우스, 2007, 103면.

우연의 연속,
없는 규칙의 발견 혹은 잠행하는 신

인간이 '없는 규칙을 발견'하는 데 천부적 소질이 있다는 주장은 매우 일찍부터 제기되었다. 17세기에 프란시스 베이컨Francis Bacon은 『신기관 Novum Organum』에서 "인간의 지성은 사물에서 실제 이상의 질서와 균일성을 가정한다. 자연계의 많은 사물이 독자성을 지니고 불규칙한 것임에도 불구하고 인간은 유사성과 대칭성, 관련성 등을 찾아낸다."라고 지적한 바 있다.

그런데 인간은 왜 그토록 많은 의미를 사물에 부여해서 관련이 없는 것들 사이에서 규칙을 찾아내려고 애쓰는 것일까? 부케티츠Franz M. Wuketits는 서로 관련 없는 것들 사이에서 규칙을 발견하는 것이 외부세계에 대한 정보를 처리하는 데 유용하다는 주장을 편다.

지각의 경제성이라는 의미에서 우리는 주변의 특정한 대상이나 사건에 특별한 주의를 기울이고 다양한 사건을 신속히 결합하는 경향이 있다. 이로써 '신화 효과myth effect'가 발생한다. 신화는 우리가 외부 세계로부터 획득하는 다양한 정보를 결합하여 '현실'에 대한 정합적인 그림을 획득하는 데 손쉽게 사용되는 방법이다. 예를 들어 우리 머릿속에 자전거를 타는 사람이 유난히 무분별하다는 생각이 일단 둥지를 틀면 우리는 자전거를 타는 사람은 본디 제멋대로 행동한다는 비판적인 시각으로 바라보게 되는 것이다. 우리 눈에는 그가 무분별한 주체이며 무분별한 주체들의 집단 전체를 대표하는 사람으로 보인다. 그리고 좀 더 자세히 살펴보기보다는 한번 굳어진 믿음을 고집하는 편이 훨씬 더 수월하다. 우리 자신의 믿음(혹은 미신)에 대해 계속 캐묻는 것은 아주 큰 스트레스가 될 수 있다. 한번 고착된 세계에 대한 기술과 설명 시스템에 안주하는 것이 훨씬 더 손쉬운 일이기 때문이다.[17]

부케티츠가 설명의 예로 든 것은 자전거를 타는 사람이 부주의하다는 믿음을 가지게 되는 과정이다. 이것은 개인적 믿음이지만, 예컨대 까치둥지가 있는 집안에 경사에 난다는 것은 집단적인 믿음이다. 정약용丁若鏞은 『산림경제山林經濟』에서 조선의 점복 풍습을 기록하고 있는데, 거기에는 까치가 와서 집 남쪽에 보금자리를 치면 그해 집주인에게 경사가 있다는 까치 점복이 포함되어 있다. 까치를 길조吉鳥로 보기는 현대 한국인도 마찬가지이다. 그러나 집단적 믿음이 고착화하는 방식도 개인적 믿음이 고착화하는 방식과 크게 다르지 않다. 까치가 둥지를 틀고, 그 집안 주인에게 경사가 나는 우연한 사건을 누군가가 목격했다면, 그는 까치집과 집주인의 경사를 결합시켜 머릿속에 저장할 것이다. 다른 사람들도 두 가지 사건의 결합을 목격한다. 이런 일이 반복되면서 까치집과 경사는 자연스럽게 연결되는 것이다. 신기한 것은, 별 관계없는 두 가지 사건을 여러 사람이 목격하게 되는 것이다. 어떻게 이런 일이

---

17) 프란츠 M. 부케티츠 저, 원석영 역, 『자유의지, 그 환상의 진화』, 열음사, 2009, 66-67면.

가능할까?

　다시 부케티츠의 말을 따르자면, 그것은 세계가 특정한 양식으로 얽혀 있기 때문이다. 세계가 서로 얽혀 있다면, 모든 사건이 아주 자연스럽고도 자명하게 일어나게 된다는 것이다. 잘 알다시피 원칙적으로 일어날 수 있는 모든 일은 언젠가는 실제로 일어나기 때문에 당연히 이에 대해서도 놀랄 필요가 없다.[18] 그의 말대로라면 까치는 어딘가에 집을 짓게 마련이고, 집안에는 좋은 일이건 나쁜 일이건 벌어지게 마련이다. 그렇다 하더라도 질문은 남는다. 왜 하필 까치집은 경사를 불러오는 것일까? 왜 하필 이런 우연이 여러 차례 반복되었던 것일까? 거기에 대해 내게는 부케티츠의 논리적인 설명보다 '우연은 잠행潛行하는 신'이라는 아인슈타인의 명언이 더 와 닿는다. 우리가 우연이라고 느낀 것은 알고 보면 신이 몰래 배치한 사건들의 실현에 불과한 것일 수 있다는 의미이다. 그렇다면, 우연에서 법칙을 발견해 내려는 것이 우연을 우연으로 내버려두는 것보다 더 합당한 일이 아닐까? 다음 이야기는 어디까지가 우연이고 어디까지가 섭리인지를 다시 한 번 생각하게 한다.

　유몽인의 조부 유충관柳忠寬이 별시別試에 합격하고 전시殿試를 보려고 준비했다. 과거시험 전날 밤에 신판서申判書 집에서 자는데, 정희량鄭希良의 족질族姪인 정언각鄭彦慤이 와서 함께 갔다.
　유충관이 꿈에서 소나무 위에 올라가 다섯째 가지에 앉아서 보니, 아래와 위에 모두 여자가 앉아 있었다. 꿈을 깬 유충관은 평소 복서卜筮

---

18) 프란츠 M. 부케티츠 저, 원석영 역, 앞의 책, 79면.

에 깊은 지식이 있는 정언각에게 꿈 얘기를 하였다. 정언각이 누워서 가만히 생각하더니 다음과 같이 해몽하였다.

"소나무는 관棺을 상징하는 것이고, 다섯째 가지에 올라앉은 것은 5년을 뜻한다. 그리고 아래위의 두 여자는 앞으로 두 딸을 낳아 모두 죽는 것을 의미한다."

이 얘기를 들은 유충관은 평소 기운이 셌으므로, 정언각에게 덤벼들어 때리고 위협했다. 이에 정언각은 아픔을 참으면서도 항복하지 않고, "나에게 닭을 잡아 안주로 하고 좋은 술을 가지고 와 대접하면 다시 해석해 주겠다."라고 말하였다.

그래서 유충관은 정언각이 요구하는 대로 술과 안주를 마련해 대접하였다. 음식을 먹고 난 정언각은 여전히 좋은 해석을 해주지 않았다. 이에 유충관은 다시 정언각에게 덤벼들어 눕히고 걸터앉아 때렸다. 그러자 정언각은 비로소 다시 해몽하였다.

"소나무松는 글자를 풀어쓰면 '십팔공十八公'이 되니, 이번 과거에는 18명이 급제한다. 그리고 자네가 다섯째 가지에 앉았으니 18명 중에 5위로 급제하게 되고, 아래위 여자는 안安씨 성 가진 사람이 장원과 끝번이 된다는 뜻이다."

과연 그 전시에 유충관이 5위로 급제했고, 모두 18명이 급제했는데 안현安玹이 장원이고 안장安璋이 18위였다. 이렇게 해몽 내용과 꼭 맞았는데, 이상하게도 뒤에 유충관은 두 딸을 낳아 모두 일찍 죽었고, 유충관 역시 오래 살지 못하였다.[19]

---

19) 『동각잡기(東閣雜記)』 상권.

3부

운명의 가치

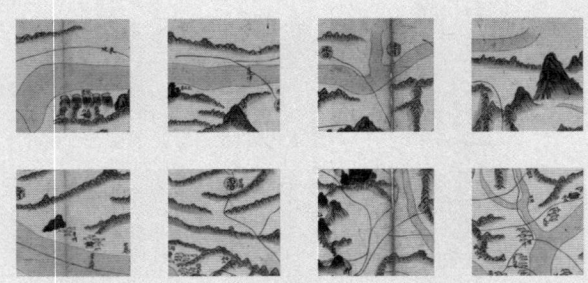

7장. 운명을 이용하다

점이 할 수 있는 모든 것
점술, 살인범을 잡다
점술, 천명을 입증하다
조작되는 믿음

점이 할 수 있는 모든 것

얼마 전 뉴스를 보니, 매년 5월과 6월이면 중국 전역에서 점쟁이들이 특수特需를 누린다고 한다. 수험생 자녀를 둔 부모들이 점을 보고 부적을 사는 데 아낌없이 돈을 쓴다는 것이다. 입시철 부모들이 점집으로 몰리는 현상은 한국, 중국, 일본이 다르지 않다. 중국의 이런 사정이 뉴스로 방영된 데에는 중국이 유물론을 중시하는 사회주의 국가라는 사실이 이슈의 배경으로 작용했을 것이다. 유물론을 중시하는 사회도 점술과 미신 앞에서는 어쩔 수 없는 모양이다.

입시처럼 다급하고 중요한 사안에 빠지지 않고 한몫하는 것이 바로 점술이다. 카드무스, 헤라클레스, 오레스테스, 페르세우스, 크수토스 등 고대 영웅들도 위기 상황에서는 신의 뜻을 묻고자 신탁소를 방문했다. 나치 독일의 히틀러는 다섯 명의 전속 점성가를 뒀다. 그중 에릭 하누센이라는 점성가는 히틀러의 집권을 예언했다. 히틀러는 하누센을 종종 베를린 총통 관저로 불러 국사를 의논했다. 하지만 하누센은 제3제국의 몰락을 예견했다가 감옥에 갇히는 비운을 겪기도 했다.

사를 드골 전 프랑스 대통령은 오랜 기간 점성술에 의존했다. 그의 점성가였던 모리스 바세 예비역 소령은 2000년 한 주간지와의 인터뷰에서 25년간 그와 인연을 맺었다고 밝혔다. 바세는 1968년 5월 혁명 이후 드골 대통령이 자신의 반대에도 불구하고 국민투표를 감행했다고 밝혔다. 다음해 4월 국민투표에서 패배한 드골은 대통령직을 사임했다.

히틀러와 싸웠던 스탈린은 스탈린그라드를 동부전선의 승부처로 정했는데, 그것은 점성가 월프 메신의 조언을 받아들인 선택이었다.

점술은 집권 여부를 점치기도 하고, 사활이 걸린 전쟁에서 승리할 방도를 알려 주기도 한다. 점술의 실질적인 효용은 정치판에서만 확인되는 것은 아니다. 병이 낫는 방법을 알려 주고, 잃어버린 물건을 찾아 주고, 흉기를 가진 도적에게 당하지 않도록 예방해 준다. 죽을 목숨을 구해 주는 일은 부지기수다. 점술 광고를 보면 점술을 이용하는 세목을 확인할 수 있다.

일제시대 점술 광고 하나를 보자. 여기에는 '관상·사주·신수점·병점·일생팔자점·관송점·취직점·실물점·혼인점·묘소점·구재점·득인점·출행점·가택점'[1]이 거론되고 있다. 관상이나 사주를 보는 것, 일생팔자를 알아보는 점은 일상적으로 보는 점이다. 병점이나 혼인점 등은 병이 들었을 때나 혼인을 앞두고 치는 점이다. 대부분 점술 광고는 별일 없을 때에는 전반적인 운명의 판도를 알아보고, 별일 있을 때에는 그 사안에 집중해서 해결하는 다양한 메뉴를 갖추고 있다. 별일 있을 때 보는 몇 가지 점은 오늘날 우리에게는 매우 생소하다. 관송점官訟占은 송사에 휘말렸을 때 재판의 승소 여부를 알아보는 점이다. 묘소점墓所占은 좋은 묘지를 점지하는 점이다. 실물점失物占은 잃어버린 물건의 행방을 찾을 때에 보는 점이다. 구재점求財占은 재물운과 재물을 얻는 방식을 알려 주는 점이다. 득인점得人占은 집이나 관청 등에서 사람을 얻을 때 보는

---

1) 村山智順 著; 金禧慶 譯, 『朝鮮의 占卜과 豫言』, 동문선, 1990, 117면.

여성잡지의 무속인 광고 일부
광고 전문에는 신을 받은 내력, 점이 적중한 경력, 자신의 전문 분야 등이 소개되어 있다.

점인 듯하다. 출행점出行占은 길 떠날 때 날씨나 운세를 알아보는 점이다. 가택점家宅占은 사람과 집 사이의 길흉관계를 알아보는 점이다. 당시 사람들이 결혼과 죽음 같은 굵직한 사안뿐만 아니라 이사나 여행 같은 소소한 사안에 대해서도 모두 점을 쳐서 길흉을 미리 들여다보았다는 것을 알 수 있다.

재미있는 것은 시대마다 역술인이나 무당이 차려놓는 메뉴가 조금씩 다르다는 점이다. 현대 점술 광고에는 점을 쳐서 주식의 등락을 예견하는 주식점도 있다. 그런가 하면, 현대 여성지에 실린 무당이나 점쟁이의 광고에는 첩떼기가 있다. 말 그대로 첩을 떼어낼 가능성과 방법을 알려 주는 점이다. 한국에서 축첩제도는 1915년 총독부 통첩 제24호에 의해 첩의 호적입적이 불가능해지면서 제도적으로 금지되었다. 그러나 어디까지나 제도가 그랬을 뿐이고 경제적으로 여유 있는 남자들이 첩을 두는 관습은 지극히 당연한 일로 여겨졌다. 1943년 축첩이 재판상의 이혼사유가 된다는 판결이 나왔을 때에도 남자의 간통행위는 처벌 대상이 아니었다. 첩떼기 광고의 유무만을 놓고 보면, 일제시대 여성들은 첩의 존재가 달갑지는 않았어도, 점이나 신의 힘을 빌려 억지로 떼어놓으려고 하지는 않았던 듯하다. 이유가 무엇이건 간에 일제시대 첩떼기는 점집의 단골 메뉴가 아니었지만, 오늘날 한국 사회에서는 아주 중요한 메뉴가 되었다. 그것은 현대 한국 여성이 일제시대 여성보다 첩에 대한 참을성이 적다기보다는, 첩을 참고 견딜 이유가 없어졌기 때문일 것이다. 남편의 축첩을 눈감아주지 않아도 될 만큼 부인의 권위가 높아졌기 때문인지, 성적 욕망이 본능에 속한 문제가 아니라 제도적이고 문화적인 문제임을 알기 때문인지, 법적 제도가 간통범에게 엄하고 희생자에게 유리하다고 믿기 때문인지, 이혼으로 인한 경제적 부담을 감수하기가 수월해졌기 때문인지, 여하튼 오늘날 아내들에게 첩은 떼어놓아야 하고 떼어놓을 수 있는 대상이다.

점술을 통해 이루고자 한 일의 종류는 시대마다 조금씩 다르다. 이 장에서는 조선 시대 특수한 점술의 몇 가지 사용법에 대해 알아보려 한다. 다음은 점술의 활용 중 가장 경이롭고 특별한 경우에 속한다.

점술, 살인범을 잡다

전주 읍내에 한 과부가 살았는데, 하룻밤에 죽음을 당해 그 머리가 잘려서 이웃집 담 밑에 버려져 있었다. 그래서 그 머리가 버려졌던 집 사람이 살인범으로 몰려 큰 형벌을 받고 거의 죽게 되었다. 이 집 두 아들은 무고한 부친을 구하려고 백방으로 돌아다니며 애쓰다가, 영험하기로 소문난 점쟁이 유운태에게 가서 사정을 말하고 점을 쳤다.

유운태는 이미 해가 졌으니 다음날 점을 치자고 말하고, 이튿날 아침에 일어나 세수하고 도포를 입고 정성을 들인 다음, 향로에 향불을 피우고 병풍을 둘러치고 나서 축문을 외우고 점을 쳤다. 유운태가 말하기를, "지금 바로 고향으로 돌아가 집에 들르지 말고 곧장 서남쪽으로 칠십 리를 가면 왼편에 작은 샛길이 나타난다. 그 길로 수십 보 가면 삼밭이 있고 그 옆에 외딴집이 한 채 있을 것이다. 낮에는 삼밭에 숨어 있다가 밤에 그 집 울타리 옆에 가서 엿들으면 무슨 수가 있을 것이다."라고 일러 주었다.

두 아들이 유운태가 일러 준 대로 가니 삼밭이 있기에, 먼 곳에 말을 매어놓고 삼밭에 숨었다가 밤에 그 집에 가서 엿들으니, 남자는 신을 삼고 여자는 길쌈을 하는데, 아무 말이 없다가, 밤이 깊어지자 남자가 아내 있는 방으로 가서 말하기를, "이제 그 사람이 형벌을 받아 거의 죽게 되었으니, 완전히 범인으로 결정 난 것과 다름없어 안심이다."라고 하였다. 그래서 두 아들이 방에 들어가 그 사람을 묶어 데려가서 관청에 고발하니, 그 사람이 죄를 모두 자백했다. 그는 과붓집 이웃에 살던 피장인데, 과부를 흠모한 나머지 말을 듣지 않아 죽였다고 하였다.[2]

점쟁이 유운태가 얼마나 용했는가를 보여주는 일화 가운데 하나이다. 방안에 앉아서 낯선 곳의 정경을 눈으로 보듯 설명한다. 유운태의 신통력도 대단하지만, 과부의 이웃에 살던 피장(皮匠: 가죽으로 물건을 만드는 사람)이 자기 대신에 다른 사람이 죄를 뒤집어쓰고 죽게 되었다는 사실을 아내에게 이야기한다는 점도 주목할 만하다. 아내는 남편의 범죄를 이미 알고 있었음은 물론이고, 남편이 다른 여자에게 뜻을 두고 있었다는 사실도 알고 있었을 것이다. 아내가 남편의 치정 사건을 감싸주는 이런 모습은 전체 줄거리의 진행과는 별반 상관없는 사소한 문제이지만, 오늘날 세태와 많이 달라서 특별히 흥미를 끈다.

1960년대만 해도 추리소설에서 탐정이 범인을 찾는 과정은 '과학적'으로 '제시'된다. 시체의 위치와 총알이 날아온 방향을 보고 범인의 키를 추측한다는 식이다. 물론, 유운태 이야기는 추리소설이 아니라, 점쟁이 일화이다. 그래서인지 범인을 찾는 과정은 매우 신비하다. 추리소설에서 탐정이 범인을 추적하는 과정을 일일이 제시하는 것과는 달리, 점쟁이가 점괘를 얻고 풀이하는 과정은 전혀 보이지 않는다. 말을 삼가는 것은 신비감을 높이는 방법 가운데 하나이다. 점쟁이가 범인을 찾는 데 일조하는 일화를 하나 더 보자.

2) 『청구야담(靑邱野談)』

한 선비가 나이 서른을 지나 아들을 하나 낳았는데 6,7세가 되면서 매우 비범했다. 하루는 맹인 점복사에게 아이의 장래를 점치니, "이 아이는 15세가 넘으면 크게 귀하게 되는데, 장가를 들어 횡사橫死할 액운이 있다."라고 말하였다. 그래서 맹인에게 액을 면할 방법을 알려 달라고 하니, 점쟁이는 "결혼 후 하루도 신부와 함께 잠자지 말고, 결코 처가의 음식을 먹어서는 안 된다."라고 일러 주었다. 그리고 종이에 글을 써서 주면서, "아이가 이 종이를 펴보지 말고 지니고 있다가, 위급한 일이 생길 때 내보이게 하라."라고 말하였다.

아이가 15세가 되어 권귀가權貴家의 딸과 결혼했는데, 정말 신부와 접하지 않고 또 처가에서 밥도 안 먹으니 모두 이상하게 여겼다. 그러고 열흘쯤 지나 밤에 신부가 칼에 찔려 죽었다. 처가에서는 신랑의 이상한 행동을 들어 의심하며 형조刑曹에 고발하니 형조에서는 신랑을 불러 문초하고 매를 치려 하였다. 이때 신랑은 옛날 맹인 점복사가 준 종이를 형조 판서에게 주고 처분을 기다렸다.

형조 판서가 열어 보니 노란 종이에 개 세 마리가 그려져 있기에 온종일 연구하다가 관원을 시켜, "신부 집안에 가서 황삼술黃三戌이란 자가 있으면 잡아오라."라고 하였다. 형조 관원이 신부집에 가서 탐지하니 그 집에서 일 보는 사람 중에 황삼술이 있어 데리고 왔다.

형조 판서가 문초하며 죄지은 사실을 자백하라고 호통치니 황삼술이 드디어 자기 죄를 자백하였다.

"이전부터 이 집 딸과 통정通情하여 왔는데, 처녀가 결혼하게 되니 헤어질 것을 슬퍼해 신랑을 죽이고 둘이 함께 도망하여 멀리 가서 살기로 약속했습니다. 그러나 신랑이 처가에서 잠도 안 자고 음식도 먹지 않아 죽이지 못했는데, 신부가 차차 마음이 변해 다시는 만나지 말자고 하기에 그만 화가 나서 죽였습니다."³

형조판서는 어떻게 범인이 황삼술이라는 것을 알았을까? 누런 종이를 황黃으로, 개 세 마리를 '삼술三戌'로 읽고 연결한 것이다. 이런 해석 과정은 텍스트 맨 마지막에 제시된다. 형조판서는 마치 탐정처럼 점쟁이가 남긴 암호 같은 점괘를 풀이하지만, 이 풀이 과정은 범인을 잡기 전까지는 알 수 없기에 신비스럽다.

---

3) 『교수잡사(攪睡雜史)』

점술, 천명을 입증하다

태조 이성계는 수창궁에서 백관의 호위를 받으며 왕위에 오른다. 『조선왕조실록』의 첫 대목은 태조가 왕위에 오르게 된 경위를 서술하고 나서 여러 사건을 들어 태조가 왕위에 오르기 전부터 왕이 될 징조가 있었음을 보여준다.

> 임금이 잠저潛邸에 있을 때, 꿈에 신인神人이 금 자金尺를 가지고 하늘에서 내려와 주면서 말하였다.
> "시중侍中 경복흥慶復興은 청렴하기는 하나 이미 늙었으며, 도통都統 최영崔瑩은 강직하기는 하나 조금 고지식하니, 이것을 가지고 나라를 바룰 사람은 공公이 아니고 누구이겠는가?"[4]

조선 전기 음사철폐淫祠撤廢 정책의 와중에 무당, 승려 등은 강력한 제재를 받았지만, 상대적으로 점술인은 국왕 측근에서 활동하게 되었다. 그 까닭을 분석하면서 최선혜는 "점술 맹인은 사제로서의 직능이 매우 희박하였기 때문"이라고 하였다. 그들은 "점을 치고, 때로는 치병을 위한 노력을 기울이기도 하지만, 독자적으로 특정 종교의 사제가 되어

---

4) 『태조실록』, 태조 1년 7월 병신.

의식을 주관하고 시행하는 기능은 약하다."는 것이다.[5]

유교를 유일한 정치이념과 종교사상으로 인정한 조선왕조는 점술인이 무당이나 승려보다 종교적 성격이 약하다는 점을 안심할 수 있는 요소로 여겼다. 그렇다면, 유교적 방법으로는 뭔가 부족하거나 미진한 구석을 점술인이 채워주었으리라는 추정이 가능하다. 이는 조선 초기의 특수성을 살펴보면 비교적 쉽게 짐작할 수 있다. 역성혁명易姓革命으로 조선을 건국한 태조에게는 새 왕조의

| 사주
단원 김홍도의 풍속도. 길 가던 여인이 주머니를 열어 엽전을 꺼내어 부적으로 보이는 물건을 사려고 한다. 점을 보고 부적을 구입하는 것은 당시에 일상적 풍경이었다. 국립중앙박물관 소장.

창업주로서 정당성을 확보하는 일이 매우 중요한 과제였다. 이를 위해 가장 중요하게 거론된 논리는 물론 유교의 천명론天命論이었다. 천명은 천자天子로 자처하는 제帝, 왕王에게 하늘이 내리는 명령으로 백성을 다스리는 소임과 권한을 의미하고, 일반인에게는 주어진 운명이나 본성을 뜻한다. 천명은 황제의 권한과 임무의 근거이고, 일반인에게는 길흉화복의 근거가 된다.[6]

『조선왕조실록』을 보면 태종 역시 왕이 될 운명이었던 것으로 나온다. 점쟁이 문성윤文成允이 태종의 어머니 한씨에게 "(아이의) 사주가

---

5) 최선혜,「조선전기 국왕의 점술 맹인 활용과 그 의의」,『역사학연구』제33집, 2008년, 91면, 96면.
6) 최선혜, 위의 논문, 98면.

귀하기 말할 수 없으니, 조심하고 복인에게 경솔히 물어보지 마소서."라고 당부했다고 한다.[7]

태종은 신하들과 벼락, 재해, 점술 등에 관한 이야기를 나누던 중에 오래전에 문성윤이 자신을 보고 왕이 될 운명이라고 말했다는 것을 상기한다. 더구나 이 시기는 태종이 드센 반대 여론을 억누르고 한양으로 천도한 직후였다. 태종은 그해 8월 한양에서 종묘에 알현하는 의식을 거행했다. 이러한 상황에서 점술인의 말을 빌려서, 왕으로서 자신의 소명을 언급한 것은 강력한 정치적 의도를 지닌 발언일 수밖에 없다.

세조 역시 자신의 즉위와 관련하여 비상한 징조와 무당의 예언을 내세웠다.

> 세조 잠저潛邸의 가마솥이 스스로 소리 내어 울었다. 잠저의 사람들이 모두 이를 의아하게 여겼는데 무당 한 명이 와서, "이는 대군께서 39세에 등극하실 징조입니다."라고 하였다.

세조는 특히 조카인 단종을 제거하고 왕위에 올랐으므로 왕으로서의 정통성, 즉위에 대한 정당성을 확고히 해야 하는 큰 부담을 떠안고 있었다. 따라서 그에게 가장 중요한 이념적 토대는 당연히 유교의 천명론이었다. 거기에 국왕의 운명이나 팔자를 끌어들이는 방법은 당시 사회에서 매우 효과적인 정당화 수단이었다.[8] 점술인이나 무당이 왕의 운

---

7) 『태종실록』 총서.
8) 최선혜, 앞의 논문 103면.

명을 논하는 것은 왕의 천명을 말하는 것이기도 하지만, 천명론보다 훨씬 더 즉각적이며 직접적이었다. 점술의 운명론을 통해 왕으로서의 명을 받은 것을 합리화하는 작업은 앙상한 천명론에 살과 뼈를 더해 천명론을 육화肉化하는 일이었다.

천명에 의해 왕이 되었다든가, 대통령이 되었다는 이야기는 오늘날 우리에게 별다른 효과가 없다. 반면에 왕이나 대통령이 될 운명이라는 주장은 여전히 유효한 기제로 작동하는 듯하다. 약한 정당성에 강한 정당성을 부여하거나 정당성 자체를 만들어 내는 조선왕조실록식의 점술 소비 행태는 오늘날 정치판에서도 흔히 통용된다. 2007년 12월 이명박 대통령의 후보 시절, 선거 캠페인 광고의 문구를 보자.

12월 19일이 다가옵니다. 41년 12월 19일 저는 태어났습니다. 70년 12월 19일 저는 결혼을 했습니다. 2007년 12월 19일 선거에서 국민과 새로운 인연을 맺고 싶습니다.

여기서 '태어났습니다'와 '결혼했습니다'는 과거형이다. 그러나 '인연을 맺고 싶습니다'는 현재의 소망을 이야기할 뿐, 과연 그가 국민과 새로운 인연을 맺게 될지는 알 수 없다. 그러나 우리는 2007년에도, 탄생과 결혼이라는 앞선 두 사건에 비길 만한 일이 그에게 일어날 수 있다고 가정하게 된다. 이 광고를 보신 어머니께서는 이렇게 말씀하셨다.

"저 이는 12월 19일하고 인연이 있으니 이번에 대통령 되겠네."

자신의 탄생, 결혼과 대통령 당선의 인연을 강조한 이명박 후보의 선거운동 팸플릿(2007년 12월).

복잡한 분석을 거치지 않고도 광고의 의도는 대번에 유권자들에게 전달된 것이다. 유권자들은 12월 19일이 어떤 이에게 특별한 날이 될 수도 있구나 하고 넘길 수도 있지만, 그에게 특별한 날을 만드는 데 참여해야겠다고, 무의식적으로 생각할 수도 있다. 유사한 것을 보여줌으로써 유사한 일이 발생하도록 유도하는 이 광고는 그래서 주술에 가깝다.

점술 맹인은 국왕의 운명을 논하며 공을 인정받기도 했지만, 역모에 연루되기도 하였다.[9] 태조 때 맹인 점술인 이흥무李興茂가 바로 그 불운의 주인공이다.

요동 정벌 때 이성계를 도와 위화도에서 회군, 최영을 몰아내고 이성계와 함께 조선건국을 했던 일등 공신 박위(朴葳, ?~1398)가 어느 날 밀성密城에 있던 이흥무에게 사람을 보내어 점을 보게 한 일이 있었다. '고려 왕조 공양왕의 명운命運이 주상전하主上殿下보다 낫겠는가' 하는 것과 '왕씨王氏 가운데 누가 명운이 귀한 사람인가' 하는 것을 알려 달라는 것이었다. 이흥무는 점괘가 알려 주는 대로 대답했다.

"남평군南平君 왕화王和의 명운이 귀합니다. 그리고 그 아우 영평군鈴

---

9) 최선혜, 앞의 논문, 100면.

平君 왕거王琚의 명운이 그다음입니다."10

　이 사건은 당시 참찬문하부사參贊門下府事였던 박위의 모반 사건으로 처리되어 여러 사람이 옥에 갇히거나 목숨을 잃었다. 누가 어떤 처벌을 받았는가를 밝히기 전에 '만약 당신이 태조라면 누구를 벌하겠는가?'라는 질문을 받았다고 가정하자. 앞서 언급한 것처럼, 점을 보았다는 이유만으로 누군가를 벌한다는 것이 현대사회에서는 우스운 이야기이지만, 조선사회에서는 흔히 볼 수 있는 일이었다. 이런 상황을 십분 참작한다면 아마도 박위가 가장 나쁘다고 할 것이다. 왜냐면 이 태조의 라이벌 세력인 왕씨의 운명을 물었기에 모반의 의도가 있다고 볼 수 있기 때문이다. 그러나 사주가 알려 주는 대로 대답한 이흥무야 무슨 죄가 있겠는가. 게다가 질문이나 대답에 등장한 왕화와 왕거는 더더욱 무슨 죄가 있겠는가. 그러나 이 사건으로 말미암아 이흥무뿐만 아니라 왕화와 왕거도 참수되었다. 박위는 구금되어 대역죄로 몰리게 되었으나 태조의 호의로 석방되었다. 왕화와 왕거를 보건대, '귀한 명운'을 타고났다는 것은 그 자체만으로도 매우 위험한 일이다.

---

10) 『태조실록』 5권, 태조 3년 3월 13일, 임자.

조작되는 믿음

조선 왕실에서 세자비를 간택할 때 사주는 매우 중요한 정보를 제공했다. 그리고 바로 그런 이유로 사주가 조작되기도 했다. 먼저, 정조의 세자비 간택 과정에 관한 기록을 통해 그 당시 사주가 얼마나 중요한 역할을 했는지 살펴보자.

정조는 초간택을 하고 나서 처자들의 사주를 왕 전속 점쟁이[國卜] 김해담에게 물었다.
"오늘 간택한 처자들의 사주에 대해 묻는 것이니 그대들은 상세하게 아뢰어라. 기유년 5월 15일 유시酉時면 그 사주가 어떤가?"
해담이 아뢰었다.
"그 사주는 기유·경오·신미·정유이온데 바로 대길, 대귀의 격입니다. 이 사주를 가지고 이러한 지위에 있게 되면 수와 귀를 겸하고 복록도 끝이 없으며 백자천손을 둘 사주여서 다시 더 평할 것이 없습니다."
상이 이르기를, "내가 김조순 가문에 대해 처음에는 별로 마음을 두지 않았는데 현륭원 참배를 하던 날 밤에 꿈이 너무 좋아서 마치 직접 나를 대하여 그렇게 하라고 하신 것 같았다. 그래도 처음에는 해득을 못했다가 오래 지나서야 마음에 깨치는 바가 있었다. 오늘 간택에도 그가 들어왔을 때 보니 얼굴에는 복이 가득하고 행동거지도 타고나 궁

중 사람들 모두 관심이 쏠렸으며 자전과 자궁도 한 번 보시고는 첫눈에 좋아하셨다. 종묘사직의 끝없는 복이 오늘부터 다시 시작되는 것이다."11

사주의 주인공은 안동 김씨 김조순(金祖淳, 1765~1832)의 딸. 재간택 이후 그녀를 어여삐 여기던 정조가 승하하여 잠시 어려움을 겪지만, 순조가 즉위하고 나서 삼간택되어 왕비가 된다. 그녀가 바로 순조의 비 순원왕후純元王后이다. 그녀 덕분에 친정인 안동 김씨 가문은 순조 대부터 시작해서 헌종, 철종 대에 이르기까지 60년간 호의호식하면서 대단한 권세를 누린다. 비록 외아들 익종(翼宗, 1809~1830)이 일찍 죽는 비운이 있었지만, 수와 귀와 복록이 끝없는 사주라고 말한 김해담의 점은 어느 정도 맞아떨어진 셈이다. 그러나 세도정치로 관직이 독식되고, 매매되고, 삼정(三政: 田政, 軍政, 還穀)이 문란해 민란이 일어난다. 개인의 복록이 나라의 복록과는 무관할 뿐 아니라, 반비례할 수도 있다는 사실을 보여준 사례이다. 영웅 혼자의 힘으로 나라를 구한다는 할리우드식 스토리는 우습다. 그러나 나라가 어찌 되건 혼자만 잘살다가 나

옥호정도(玉壺亭圖)
당대의 권력가였던 순원왕후의 아버지 김조순의 별장 옥호정을 그린 그림. 삼청동에 있던 옥호정은 19세기 한양에서 가장 유명한 대저택 가운데 하나였다. 고려대 박물관 소장.

---

11) 『정조실록』 53권, 정조 24년 2월 26일, 기유.

라를 망친다는 스토리는 듣기에 우울하다.

순원왕후가 세자비로 간택될 때 점쟁이는 그녀의 운명이 개인적으로 수와 귀를 부를 뿐만 아니라 자손의 번성을 가져온다고 하였다. 이런 사주 풀이는 정조의 길한 꿈과 그녀 얼굴의 복을 통해서도 증빙된다. 그러나 아쉬운 점은 세자비 간택에서 그녀의 사주가 개인의 부귀와 자손의 번성이 아니라, 나라의 부국강병을 보장하는지 살펴볼 관심은 전혀 없었다는 것이다. 여자의 사주가 영향을 미칠 수 있는 범위는 개인과 가문이라고만 생각했기에 이것을 알 수 있는 기술적 방법도 관심도 없었던 시대이니, 그것이 점쟁이 이홍무만의 한계는 아니었던 듯싶다.

간택 과정에서 처녀의 사주가 중요한 역할을 하는 것은 분명하다. 그래서 정치적 목적에 따라 처녀의 사주를 조작하기도 했다. 그 주인공은 조선의 유명한 악당 윤원형(尹元衡, ?~1565)이었다. 윤원형은 자신과 가까운 황대임의 딸과 세자를 결혼시키기 위하여 맹인 국복國ト 김영창金永昌을 동원하기도 한다. 『명종실록』의 사관은 분노를 숨기지 않으며 다음과 같이 일의 전말을 전한다.

세자빈은 전 참봉 황대임의 딸이다. 황대임은 안함의 매부이고 안함의 양자 안덕대는 곧 윤원형의 사위이다. 윤원형이 임금의 은총이 점점 쇠해지고 문정왕후文定王后가 하루아침에 승하昇遐하면 다시 더 의지할 세력이 없다고 여겨, 황대임 및 그와 친한 국복 맹인 김영창과 함께 몰래 모의, 대임의 딸 생년월일을 길한 사주로 고치고, 또 반드시 황대임의 딸을 세자빈으로 맞이하라는 뜻을 은밀히 문정왕후에게 고

해서 결정지었다. 상과 중전은 자기들의 뜻에 맞지 않았지만 자전慈殿의 분부에 눌려 할 수 없이 그대로 하였다. 세자는 국본國本이고 세자빈을 정하는 것은 대례大禮이다. 그런데 윤원형이 사사로이 자기를 위하는 모의를 하여 군부를 위협, 기어이 제 욕심을 이루었으니, 예부터 신하로서 이 같은 큰 죄를 짓고도 천벌을 받지 않은 자가 있었던가?[12]

윤원형의 계교는 자신에게도 독毒이 되었다. 세자빈으로 정해진 황씨가 자주 복통을 앓자 윤원형은 사람들의 의혹과 분노의 대상이 되었고, 그를 적대하던 사람들도 이를 공격의 계기로 삼았기 때문이다. 세자빈을 둘러싼 대립에서 윤원형은 불리한 입장이 되었다. 명종은 전교를 내려 세자빈을 낮추어 양제(良娣: 세자궁에 속한 내명부의 종이품)로 삼고 다른 빈을 간택하도록 하였다. 다시 호군護軍 윤옥尹玉의 딸로 세자빈을 정하게 되었다.

점술은 그것을 믿는 사람에게 막대한 심리적 영향을 미치기에 이것을 정치적으로 이용한 사례도 많았다. 크라프트Karl E. Krafft는 히틀러의 점성술사였는데, 그는 히틀러의 성공을 예언하고 독일제국의 승리와 성공을 예언하는 가짜 점성력占星曆을 만들어 내기도 하면서 나치의 선전·선동술에 일조했다. 영국인들도 이런 선동책을 구경만 하고 있지는 않았다. 그들 역시 나치 수뇌부에 불리한 별자리점을 게재한 가짜 점성학지를 독일어로 발간했다.[13] 세계대전의 한 부분은 이렇게 점성술전占

---

12) 『명종실록』 27권, 명종 16년 정월, 병자.
13) 니콜 에덜만 저, 류재화 역, 『점술과 심령술의 역사』, 에코라이브러리, 2008, 161면.

星術戰의 양상으로 벌어지기도 했다.

정치적으로 사람들의 믿음을 조작하는 일은 흔하다. 나는 누가 무엇을 이용했기에 나쁘다고 생각하지는 않는다. 누구나 늘 무언가를 이용하게 마련이다. 중요한 것은 누구를 위한 조작인가 하는 것이다. 윤원형은 자신의 사리사욕을 위해 점술을 조작했지만, 대의를 위한 점술 조작은 긍정적인 일이 될 수도 있지 않을까?

TV사극으로 선풍적인 인기를 끈 「선덕여왕」에는 '비담毖曇'이라는 인물이 등장한다. 그는 드라마에서 매력적인 캐릭터로 묘사된다. 건방지고 경망한 것 같으면서도 도사 흉내를 낼 때에는 매우 진지한 인물로 그려진다. 한마디로 속을 알 수 없어서 신비한 인물이 드라마의 비담이라면 실제 역사 속의 비담은 상대등上大等 신분으로 반란을 일으켰다가 김유신에게 패한 후 9족이 멸망하는 비극적 인물이다. 역사에서 그의 역할은 김유신에게 승리를 안겨 주는 조연에 불과하다.

비담은 647년 선덕여왕 말년, 진덕여왕 원년에 반란을 일으킨다. 반란의 이유는 '여자 임금은 나라를 제대로 다스릴 수 없다.'라는, 페미니스트들의 분노를 사고도 남을 만한 것이었다. 왕의 군대는 월성에 주둔하고 비담이 이끄는 반란군의 군대는 명활성에 진을 친 가운데 열흘이 지났다. 그런데 어느 날 한밤중에 큰 별이 월성으로 떨어지는 사건이 발생한다. 『삼국사기』「열전」은 그것이 비담의 조작술이었다고 밝히지는 않는다. 그러나 전쟁이라는 특정한 상황에서 왕의 주둔지라는 특정한 장소에 별이 떨어지는 일은 기적이 아니라면 조작일 것이다. 비담은 사졸들에게 기다렸다는 듯이 말한다.

"내가 듣기로 별이 아래로 떨어지면 반드시 피를 흘리는 일이 있다. 이것은 여자 임금이 패할 징조이다."

사졸들의 환호성이 하늘과 땅을 진동하자, 왕은 두려워 어찌할 바를 몰랐다. 여기에 한 술 더 떠 능숙하게 대처한 이가 바로 김유신이다. 그는 병사들에게 말했다.

"길함과 불길함은 정해진 것이 아니라 오 지 사람이 부르는 것이다. 역사를 보면, 좋은 징조를 얻고도 망한 나라가 많고, 반대로 나쁜 징조를 얻고도 흥한 나라도 많다. 그러니 별이 떨어진 일은 두려워할 일이 아니다."[14]

김유신(金庾信, 595~673) 영정.

그러나 이러한 말로는 군대의 사기를 북돋기에 충분하지 않았기에 그는 허수아비를 만들어 불을 붙인 다음 연에 실어 날려 보내서 마치 스스로 하늘로 올라가는 것처럼 꾸몄다. 그 후 그는 국왕의 군사를 이끌고 비담의 반란군을 쳐부수고 승리를 거뒀다.

김유신의 조작은 나라의 안위를 위해 반란군을 제어하는 과정에서 일어났기에 대의를 위한 것이었다고 할 수 있다. 그러나 이 전쟁은 김유

---

14) 『삼국사기』, 「열전」 41권.

신 개인에게도 매우 중요한 것이었다. 김유신은 왕의 명령으로 상대등이었던 비담을 죽이고 9족을 멸한다. 이 전투로 정치적 라이벌을 합리적으로 처치하고 패권을 장악한 것이다. 그렇다면, 김유신의 조작은 과연 대의를 위한 긍정적인 것이었는지 의문이 남는다.

사실, 조작의 긍정성과 부정성을 판가름하는 것은 어려운 문제이다. 나는 때로 '누구를 위해 조작하는가'라는 문제보다 '어떻게 조작하는가'가 그것을 가름한다고 생각한다. 드라마 「선덕여왕」에서 미실은 새가 궁에 머리를 박고 죽는 일을 꾸미고, 덕만 공주는 새가 빛을 내며 공주의 궁을 날아다니도록 일을 꾸민다. 새는 하늘을 날기에 하늘과 가장 가까운 존재이며 하늘의 뜻을 전하는 전령사라는 믿음을 이용하여 조작하는 것이다. 연달아 일어나는 이러한 상징 조작의 승부는 덕만에게 돌아갈 것이다. 역사가 그러하기 때문이다. 그렇다면 역사는 왜 덕만의 승리로 기록되었을까? 여러 가지 이유가 있겠지만 이들의 조작 과정에서도 단서를 찾을 수 있다. 죽은 새들을 모아서 궁에 뿌려놓은 미실의 조작보다는 날아다니는 새가 빛을 발하게 하는 덕만의 조작이 난도難度 측면에서 한 수 위이다. 덕만은 사람의 뼈에서 빛이 난다는 지식을 이용한다. 그와 마찬가지로 별이 떨어지는 것처럼 보이게 하는 비담의 조작보다는 떨어진 별이 올라가는 것처럼 보이게 하는 김유신 조작의 난도가 더 높다. 유신은 바람의 속도와 부력의 원리를 이용한다. 어려운 조작에 성공한 덕만과 김유신은 일반인으로서는 접근하기 어려운 정보를 가지고 있었다. 그들의 조작은 새로운 정보와 결합함으로써 긍정적인 메시지가 될 가능성이 열린 것이다. 새로운 정보를 보유하고 있었으니, 이들의 조작은 한 수 위가 될 수밖에 없었던 것이다. 한 수 위의 능력은 비단 새를 빛나게 한다거나 연을 띄우는 정도에서 잠시 번득이는 것이 아니다. 그것은 그들의 영원한 잠재력이다.

윤원형의 조작은 개인의 이익을 위한 것이었기에 치졸하다. 그뿐만 아니라 국복을 매수해서 사주를 고치는 단순한 조작의 방식은 하수下手의 수준에 불과하다. 나는 현실 정치판에서도 김유신과 선덕여왕 같은 역량 있는 고수의 조작을 보고 싶다.

8장. 운명을 개척하다

운명을 개척하는 방법
운명을 개척하는 또 다른 방법
난파할 배를 구하는 운명
미약한 인간의 의지와 강력한 신의 의지 사이에서

운명을 개척하는 방법

'페이트 위버fate weaver'라는 말이 있다. 단어를 그대로 풀자면 '운명의 직조자'라는 뜻이다. 1장에서 보았듯이 인간의 운명은 모이라이 세 여신이 결정하는 것이지, 인간의 힘으로는 어찌할 수 없다.

그런데 운명의 직조자라는 말은 신이 아니라, 다른 주체가 인간의 운명을 결정한다는 것을 전제한다. 다시 말해 그 주체는 이미 여신이 짜 놓은 운명을 바꾸어야만 자신의 운명을 스스로 만들어 갈 수 있다. 그래서 페이트 위버는 '운명의 개척자'라는 의미를 포함한다. 운명의 여신들이 베를 짜고, 잘라 버린다는 신화적 설정에서도 짐작할 수 있듯이 운명의 여신들이 결정하는 사항 가운데 가장 중요한 것이 바로 인간의 수명이다. 이미 정해진 수명을 바꾸기는 매우 어렵지만, 불가능한 것은 아니다. 운명을 개척한다는 것 역시 매우 어렵지만 불가능한 일은 아니다.

측천무후則天武后는 태종의 후비로서 왕이 죽자 관례에 따라 절에서 남은 세월을 보내야 했지만, 그녀는 비구니로 남은 삶을 마감하는 대신에 중국 역사상 최초의 여자 황제가 되었다. 김유신은 별이 떨어진 곳에서는 피를 흘린다는 속신을 부정하고 떨어진 별을 다시 하늘로 올라가게 하는 경이驚異를 보여주었고 그 결과 대승을 거두었다.

운명 개척의 신화는 경제계 인사들의 자서전에서도 흔히 볼 수 있다. 일본인들이 경영의 신神으로 받드는 마쓰시다 고노스케松下幸之助의 이야기가 대표적이다. 그는 가난한 집안에서 태어나 아홉 살 때 남의 집 고용살이에서 출발하여 세계적 기업인 마쓰시다전기松下電氣를 일으킨 인물이다. 그는 『도전해야 성공한다』라는 책에서 다음과 같이 말한다.

> 나는 집이 가난하여 견습 점원으로 일을 배우게 되었기에 상인으로서의 소양을 쌓을 수 있었다. 몸이 약하였기에 다른 사람들에게 부탁하여 일하는 것을 익혔으며, 배운 것이 없었기에 항상 다른 사람들에게 가르침을 청할 수밖에 없었다. 또 몇 번인가 구사일생으로 살아난 경험으로 인해 나 자신이 강한 운명을 타고났음을 믿을 수 있었다. 이처럼 나에게 주어진 운명을 적극적으로 받아들이고 발전적으로 활용하였기에 나의 앞에 하나의 길이 열린 게 아닌가 싶다.

상점의 고용인이 큰 회사의 고용주가 되었다는 시작과 끝만 놓고 보면 그는 가난하고, 약하고, 무지하게 살 자신의 운명을 거부한 것처럼 보인다. 그런데 재미있는 것은 마쓰시다가 주어진 운명을 거부했다고 말하지 않고 운명을 적극적으로 받아들이고 발전적으로 활용했다고 말한 점이다. 마쓰시다가 운명을 활용해서 성공할 수 있었던 것은 자신이 처한 불리한 상황을 잘 알고 있었기 때문이다. 운명을 극복한 이야기들은 아이러니하게도 운명을 무시하는 게 아니라 운명을 아는 데부터 시작한다. 알아야 극복할 수 있다는 것은 운명론적 관점에서는 당연한 일이기도 하다.

문정공文正公 권부權溥가 태어났을 때 점쟁이가 그의 수명이 길지 않을 것이라고 하였다. 이에 그의 아버지 권탄權坦이 덕을 쌓으면 조금 수명을 연장할 수 있을 것이니, 길을 갈 때 가운데로 다니지 말고, 목욕할 때 흐르는 물에서 하지 말며, 먹을 때 좋은 것만 가려 먹지 않도록 하였다. 권부는 평생 부친의 말씀을 명심하여 잠시라도 어기지 않았다. 결국 권부는 여든다섯 살의 수명을 누렸으며, 벼슬도 일품에 이르렀다. 또한 그의 가문에서 아홉 사람이나 봉군封君되었으니 복록의 융성함이 고금에 없을 정도였다.[1]

권부 역시 자신의 타고난 수명이 길지 않다는 것을 알고 그것을 연장하려고 한다. 권부는 수명을 연장하는 방법으로 덕을 쌓는다. 덕은 선한 의지로 선행을 실천할 때 쌓인다. 그가 한 일의 목록은 얼핏 보기에 선이나 선행과 관련이 없어 보이는, 너무나 소소한 것들이다. 길을 갈 때 가운데로 다니지 말고, 목욕할 때 흐르는 물에서 하지 말며, 먹을 때 좋은 것만 가려 먹지 않는 것은 모두 유가儒家에서 권장하는 일상적인 예법이다. 이것이 예법인 것은 자신을 낮추고 웃어른과 다른 사람을 높이고 배려하는 공손과 겸양의 실천 방법이기 때문이다.[2] 권부는 일상에서 덕을 쌓아 장수하게 된다.

조선의 유명한 점쟁이 가운데 한 사람인 홍계관의 고객에게도 이와

---

1) 『필원잡기(筆苑雜記)』.
2) 정재민, 「설화에 나타난 한국인의 행복관」, 서대석 외, 『한국인의 삶과 구비문학』, 집문당, 2002.

비슷한 일이 있었다. 홍계관은 본래 양주楊洲의 향족鄕族이었다. 그는 아버지가 돌아가신 다음에 태어났고 또 맹인이었기에 어머니가 돌부처 앞에서 늘 아들이 사람 노릇을 할 수 있게 해달라고 치성을 드렸다. 그의 나이 15세 때 꿈에 돌부처가 나타나 점치는 일을 하되, 시키는 대로만 하라고 일러주었다. 그가 정말 돌부처가 지시한 대로 점을 보았을 것 같지는 않다. 다만, 그의 점괘가 아주 용했기에 사람들은 그의 배후에 신성한 존재가 있다고 믿었을 법하다. 이 이야기는 그가 내놓은 점괘의 정확성이 신비스러울 정도였음을 보여준다. 그런데 이런 홍계관이 자신의 이력에 오점을 남긴 일이 있었다.

성안공 범허정 상진(尙震, 1493~1564)은 젊은 시절부터 맹인 점쟁이 홍계관에게 점을 보곤 하였다. 그가 점치는 공의 길흉화복은 하나도 빠짐없이 모두 맞았다. 그런데 한 가지 맞지 않은 일이 있었다. 죽는다고 예언한 해에 죽지 않았던 것이다. 죽을 준비를 하고 때를 기다렸으나 아무 일 없이 해를 넘겼다. 홍계관도 자신의 점괘가 맞지 않았다는 사실에 놀라 공을 찾아와서 이렇게 묻는다.
"예전에 남모르게 덕을 쌓으면 수명이 연장된다고 했는데, 공께서는 틀림없이 그런 일이 있었을 것이옵니다."
그러고 보니 상진에게 생각나는 일이 있었다.
"수찬 벼슬을 할 때 길가에 붉은 보자기가 있었는데 거기엔 순금으로 만든 술잔 한 쌍이 있었다네. 요소마다 방을 내걸고 기다렸더니 한 사람이 와서 말하기를, '저는 대전에서 수라별감으로 있는 자이온데, 자식의 혼례가 있어서 몰래 상감께서 쓰시는 금 술잔을 빌렸사옵니다. 탄로가 나면 틀림없이 극형을 당할 것이옵니다. 공께서 주우신 것이 그게 아닌지요?' 하기에 꺼내 주었다네."
"공의 수명이 연장된 것은 그 때문이옵니다."
상진은 그 뒤로 15년을 더 살다가 죽었다.[3]

상진은 곤란한 처지에 있는 사람을 남몰래 도와주고 자신도 모르는 사이에 수명을 연장한다. 권부가 쌓은 소소하고 일상적인 덕에 비하면 상진의 선행은 굵직한 이벤트성 덕이다. 종류와 상관없이 선행은 장수로 이어진다. 『성호사설星湖僿說』에서 이익(李瀷, 1681~1763)은 오래 살지 않고는 착한 일을 할 수 없는 까닭에 오복 가운데 수壽가 첫째가 되었다고 설명한다. 장수와 선행의 관계를 시사하는 부분이다. 오복 가운데 수가 으뜸인 것은 하늘이 사람에게 착한 일을 할 시간을 주기 위해서라는 해석이 가능하다. 그런 하늘이라면 거꾸로 착한 일을 하는 사람에게 그 시간을 벌어주고 싶어 할 수도 있다. 오래 살게 해서 착한 일을 하게 하는 것이나 착한 일을 한 사람을 오래 살게 하는 것이나 착한 일의 종류와 양이 늘어나는 것은 마찬가지이니까. 아니, 오히려 후자가 더 좋은 방법이 될 수 있으니까.

이 생각에 따르면 선한 사람들은 요절할 수 없고, 불행해 질 수 없다. 그러나 이와 반대되는 의견도 만만치 않다. 프로이트는 윤리적 의무를 다한 사람들이 보호와 행복을 얻게 된다는 종교적 주장에 대해 믿을 만

---

3) 『기문총화(記聞叢話)』 5권, 554화.

▎ 경복궁 자경전 굴뚝에 있는 십장생(十長生)
오복 가운데 으뜸인 수(壽)를 상징하는 열 가지 자연물, 동·식물이 새겨져 있다.

한 가치가 없다고 말한다.

부모의 심정으로 모든 개인의 행복을 돌보고 모든 것에 행복한 결말을 가져다주려고 수고를 아끼지 않는 그런 힘은 우주에 존재하지 않는다. 그 반대로 인간의 운명은 선행의 보편적 원칙이나 정의의 보편적 원칙과 조화되지 않을 뿐 아니라 오히려 어느 정도 그와 모순된다.

프로이트에 의하면 선행을 했다고 해서 보호와 행복이 제공되는 것은 아니다. 선행을 했다고 행복한 결말을 맞이한다는 보장도 없다. 인간의 운명이 선행과 정의의 보편적 원칙보다 우월하기 때문이다.

선행을 하는 사람에게 행복이 보장되는가 하는 문제는 인간 자유의지의 한계를 심문하는 질문이기도 하다. 선행으로 행복을 얻을 수 있다고 할 때 관건이 되는 것은 그것을 행할 마음이 있는가 하는 것이지만, 선행으로 행복을 얻을 수 없다고 할 때 관건이 되는 것은 이미 정해진 운명이 행복을 허락하는가 하는 것이다. 전자의 경우 우리의 자유의지는 빛을 발할 수 있지만, 후자의 경우 우리는 운명 결정자의 뜻을 알고 싶어 한다. 착하게 살았는데도 운명 결정자의 가혹한 뜻에 따라 불행해질 때 우리는 또 다른 종교적 설명을 찾게 된다. 그런 의미에서 올리버 스톤Oliver Stone의 영화 「하늘과 땅Heaven & Earth」에 나오는 한 구절은 매우 감동적인 지혜를 전한다.

| 하늘과 땅(1993)

"우리에게 고통을 주는 건 신께 다가가게 해서 우리가 약한 것에 강하게 되고 두려운 것에 용감하게 맞서고 지혜로 혼란을 극복하라고 가르치는 것이다. 지속하는 승리는 가슴으로만 얻을 수 있다. 그곳이 어디인가는 상관없다."4

다음 이야기에서 수명을 유지하는 방법은 착하게 사는 것보다는 좀 더 구체적이고 효과 면에서도 탁월한 것처럼 보인다.

---

4) 김만태, 「점복 신앙의 미학적 의미」, 『종교연구』, 52집, 한국종교학회, 2008, 152면 재인용.

옛날 어느 시골에 9대 독자의 집이 있었다. 그 집은 대대로 주인이 13세가 되면 호랑이에게 물려 죽는 악운이 있었다. 그러다가 그 집의 9대째 아들 대에 이르러 집안 사람이 복술자에게 그의 운명을 점치니 그 또한 호식을 당할 악운이라고 하면서, 만일 집에 그대로 머물러 있으면 죽음을 면하지 못하리라 하였다. 이에 하는 수 없이 9대 독자는 방랑의 길을 떠나게 되었다.

세월이 흘러 방랑 끝에 경성으로 들어왔을 때 그의 나이 이미 13세였다. 그곳에서 그는 한 점쟁이를 만나 가지고 있던 백 냥의 절반을 떼어 주고 점을 치게 하였다. 그 점자가 점을 쳐 이르기를, '경성의 성안에 김 정승 집이 있는데 그 집에 외동딸이 있다. 그대가 호식 당하기로 되어 있는 그 날짜에 김 정승 집 외동딸 방에 숨어 있으면 호식을 면할 것이다. 그밖에 다른 도리가 없다.' 하였다. 그는 김 정승 집 외동딸의 숙모에게 접근하여 남아 있던 노잣돈 오십 냥을 주고, 마침내 외동딸의 방으로 들어가 숨었다. 이렇게 해서 그는 호식을 면하였을 뿐만 아니라 김 정승 집 외동딸과 혼인하여 자손이 번성하였다.[5]

호식虎食은 비극적 사건 가운데 하나이며 의지와 무관하게 일어난다. 인간이 호랑이에게 잡아먹히는 호식은 매우 폭력적인 사건이다. 호식 당할 팔자는 자신의 뜻대로 호식을 막거나 피해갈 수 없기에 더욱 비극적이다. 공자는 '가혹한 정사는 호랑이보다 무섭다[苛政猛於虎]'고 했고,

---

5) 1927년 경남 김해, 손진태, 『조선민담집』, 무라야마 지쥰(村山智順) 저, 김희경 역, 『조선의 점복과 예언』, 동문선, 1990, 78면, 재인용.

한국은 호랑이 천지

프랑스 일간지 르프티주르날(Le Petit Journal) 1919년 12월 12일자에 보도된 한국의 호랑이 습격 사건. 어떤 지역에서는 며칠 사이에 33명이 호랑이에 습격당할 정도로 호랑이가 많았다고 한다. 출처: 인터뷰 366.

오늘날 공익광고는 '호환, 마마보다 더 무서운 악플'이라는 카피를 내걸기도 한다. 호랑이에게 잡아먹히는 것은 대단히 두려운 일임을 전제하는 수사들이다. 옛날 사람들은 호식 당할 팔자가 따로 있다고 생각했고 '호랑이에게 물릴 운수라면 집에 있어도 물려간다.'라고 했다.

그런데 위의 이야기처럼 호식을 피하고 수명을 연장한 사람들이 있다. 수명 연장의 공신은 점쟁이인데, 그는 호식 당할 팔자를 예견하고 방책을 알려준다. 그 방책은 집을 떠나는 것이다. 이와 비슷한 다른 이야기에서는 이름을 바꾸고 집을 떠나라고 한다.

그런데 왜 집을 떠나라고 했을까? 집을 떠나는 것은 주거지를 떠나는 것뿐만 아니라 가족들과 관계를 끊는 것을 의미한다. 집을 떠나고,

함께 살던 사람들을 떠난다는 것은 이전의 '자기'와 관계를 단절하는 것이며 나 아닌 나로 사는 것을 의미한다. 이름을 바꾸는 것도 같은 맥락이다. 이름은 자기를 대표하는 기호인데, 이것을 바꾸는 것은 자기를 자기가 아닌 것으로 바꾸는 상징적인 행위이다. 집을 떠나거나 이름을 바꾸라는 처방에는 원래 자기 근거와 단절된 채 전혀 다른 존재로 살아감으로써 본래 그 인물에게 부여되었던 운명에서 벗어날 수 있다[6]는 전제가 깔려 있다. TV드라마 「전설의 고향」에서도 저승사자가 염라대왕의 장부에 적힌 주소와 이름을 보고 죽을 사람을 찾아오지 않던가. 그러니까 집을 떠나고 이름을 바꾸는 것은 자기가 아닌 척하면서 운명의 결정자를 속이는 방책이다. 선행을 하는 것이 운명의 결정자를 도덕적으로 감동시키는 직접적인 방법이라면 집을 떠나고 이름을 바꾸는 것은 운명의 결정자를 살짝 기만하는 우회적인 방법이라고 할 수 있다. 이 방법 역시 착하게 사는 것처럼 쉽지는 않지만, 그 효과는 확실하다. 다만, 사용할 수 있는 경우의 수가 '호식을 면하기 위해서'라는 정도로 매우 제한적이라는 게 흠이다.

---

[6] 강진옥, 「虎食과 그 해결방안을 통해 본 운명론 극복 양상」, 『한국 고전소설과 서사문학』下, 집문당, 1998, 402면.

운명을 개척하는 또 다른 방법

앞의 이야기에서 조금 더 눈여겨봐야 할 부분이 있다. 9대 독자가 방랑하다 만난 두 번째 점쟁이는 정승 외동딸의 방에 숨으라는, 또 다른 처방을 내놓는다. 어쩌면 방랑은 이 점쟁이를 만나기 위한 단계였는지도 모르겠다. 그런데 왜 하필 정승 외동딸의 도움을 받아야 하는 것일까? 이를 알려면 이항복과 서화담의 이야기를 잠시 살펴볼 필요가 있다.

이항복(李恒福, 1556~1618)이 젊었을 때 이웃에 외동아들의 친구가 있었는데 병에 걸려 거의 죽게 되었다. 친구 부친이 아주 영험하다는 점복자를 초빙해서 아들의 생사를 점쳐 달라고 부탁하였다. 점복자가 점을 치더니 특정한 날을 일러주며 반드시 죽을 것이라고 말하였다.

부친은 점복자에게 무슨 살릴 방법이 없겠느냐고 애걸하니, 점복자가 내놓은 처방은 "이항복이란 사람과 그날 함께 있으면 살 수 있다."라는 것이었다.

이 친구는 그날부터 이항복에게 사실을 이야기하고 함께 기거하였다. 그날이 되니 밤중에 귀신이 나타나 숙세의 원수를 갚아야겠으니 환자를 내놓으라고 하였다. 이항복이 내놓을 수 없다고 하자 귀신은 함께 죽이겠다고 위협하다가, 칼을 던지고 제발 원수를 갚게 해 달라고 애원하였다. 이항복이 왜 나와 함께 죽이지 않느냐고 물으니 귀신은

"이 공께서는 국가의 큰 인물이 될 분이라 해칠 수 없다."라고 말하였다. 이항복이 이 친구를 더욱 힘껏 껴안고 있으니 얼마 후 새벽닭이 울었고, 귀신은 원수를 못 갚아 한스러워하면서 돌아갔다.[7]

이번에는 서화담이 호랑이에 물려 죽을 운명에 놓인 처녀의 목숨을 구해준 이야기다.

서경덕(徐敬德, 1489~1546)은 술수에 밝았는데, 아이들을 모아 글을 가르쳤다. 하루는 한 노승이 찾아와서 인사를 드리고 가고 나니, 화담은 큰 한숨을 내쉬며 걱정하였다. 글을 배우는 한 학동이 그 까닭을 물으니 화담은 "조금 전에 온 노승이 신호神虎인데, 백여 리 밖의 한 마을에 혼인 날을 받아놓은 처녀가 이 호랑이에 의해 물려 죽게 되어 있으니 안타깝지 않으냐?" 하고 말하였다.
학동이 그것을 알면서 왜 구제하지 않느냐고 물으니, 화담은 감히 누가 가서 그 일을 하겠느냐고 말하였다. 학동은 자기가 가서 구제하겠다고 나섰다. 화담은 불경佛經 한 권을 주면서 "그 집에 가서 밤에 처녀가 방에서 나오지 못하게 하고 대여섯 명의 여자 종을 시켜 지키게 한 다음, 마루에 앉아 이 경을 밤새 읽어 첫닭이 울면 화를 면할 수 있다."라고 일러 주었다.
학동이 그 집으로 찾아가 처녀 부친에게 사정을 말하니 처음에는 믿지 않았으나 재차 설명하자 학동이 하자는 대로 준비를 마쳤다.

---

7) 『동패락송(東稗洛誦)』.

학동이 여종들로 하여금 처녀를 방안에서 지키게 하고 자신은 마루에서 불경을 읽고 있으니 밤중에 큰 호랑이가 와서 으르렁거렸다. 방안의 처녀는 변소에 가야 한다면서 밖으로 나가려고 발버둥쳤다. 여종들은 처녀를 붙잡고 밖으로 내보내지 않았고, 학동은 열심히 불경을 읽었다. 그러다 보니 어느덧 첫닭이 울었다. 호랑이는 집 들보를 세 번 물어뜯고 사라졌다. 기절한 처녀는 얼마 후 깨어났고, 학동은 사례하겠다는 집 주인의 손길을 뿌리치고 화담에게로 돌아와 일어난 일을 전하였다.

화담은 학동에게 "네가 불경 세 군데를 잘못 읽었다."라고 말하였다. 얼마 후 그 노승이 다시 와서 화담에게 사람 살린 공덕을 치하하고, 학동에게는 세 군데를 잘못 읽어 집 들보를 세 번 물어뜯은 것이라 하였다. 학동이 가만히 생각해 보니 세 군데를 잘못 읽은 것이 기억났다.[8]

일명 '퇴치담退治譚'이라고 하는 이야기들이다. 여기에서 등장인물은 퇴치의 대상이 되는 귀신이나 동물, 퇴치의 주체인 서화담의 학동이나 이항복 같은 이인異人, 그리고 그의 도움이 결정적으로 필요한 외아들이나 처녀 같은 희생 예정자이다. 이들 희생자는 귀인을 만나 요절할 운명을 피한다. 귀신이 나타나 희생자를 죽일 순간을 호시탐탐 노리는 장면이나 학동이 경을 잘못 읽을 때 호랑이가 힘껏 달려드는 장면은 상상만 해도 스릴이 넘친다. 할리우드의 귀신 이야기에서도 우리를 가장 흥분시키는 순간은 귀신이 희생자들 앞에 나타날 때, 혹은 그들에 빙의해

---

8) 『동패락송(東稗洛誦)』

서 엽기적 모습을 보일 때이다. 귀신 이야기는 귀신이 퇴치되기 전까지는 재미있다. 일단, 귀신이 퇴치되고 나면 볼장 다 본 것이다. 이항복이나 서화담이 등장하는 퇴치담에 강력한 귀신이나 호랑이가 나타나 손에 땀을 쥐게 해도 그 순간은 잠깐이다. 이들은 옛날이야기에 자주 등장하여 용한 퇴마사 역할을 한다. 이들이 등장하면 귀신이나 호랑이가 결국은 처치되리라는 것은 어린아이도 쉽게 예상할 수 있다.

퇴마사로 서화담이 자주 등장하는 데에는 그럴 만한 이유가 있다. 앞의 서화담의 이야기는 상상력이 가미된 허구이다. 허구라 하더라도 상상력이 근거 없이 작동하지는 않는다. 그의 철학이 도가道家 사상과 연관이 있었고, 그의 삶이 도가적 은일隱逸을 지향했다는 점에서 촉발된 상상력은 그를 신비한 능력이 있는 도인으로 형상화한다. 도인은 둔갑한 호랑이나 여우의 정체를 알아챌 수 있고 날짐승, 길짐승과도 통할 수 있다. 서경덕 같은 도인이 호식 당할 팔자의 처녀를 살릴 비법을 알고 전수하는 것은 아주 사소한 일이다.

그렇다면, 그의 철학이나 삶이 도가와 거리가 먼 이항복은 왜 퇴마사로 등장하는 것일까? 이항복은 '국가의 큰 인물이 될 사람'이기에 귀신을 물리칠 수 있었다. 이항복과 관련된 이야기 중에는 친구의 목숨을 건져준 일화 외에도 자신의 수명을 연장한 일화도 있다.

이항복은 두 돌도 안 되어 유모 손에서 내려와 아장아장 걷다가 우물에 빠질 위기 상황을 맞는다. 잠시 졸던 유모의 꿈속에 수염이 긴 노인이 나타나서 막대기로 정강이를 치면서 "어찌 아이를 보지 않고 졸고 있느냐?"라고 호통을 치자 유모는 잠이 깨서 이항복을 구했다. 그 후 유

이항복(李恒福, 1556~1618) 영정

모는 선조 제사 때 화상畵像을 보고 그 노인이 익재 이제현(李齊賢, 1287~1367)이었음을 알게 된다.

이처럼 이항복은 어려서부터 조상의 보호를 받은 인물이다. 『청구야담靑邱野談』에서는 "이항복이 평범한 다른 아이와 다른 고로 신명神明의 도움을 이루게 한다."라고 언급하고 있다. 이런 이야기들은 국가의 미래를 위해 선택된 인물이 따로 있고, 그것이 그가 태어날 때부터 이미 결정되어 있다는 메시지를 은연중에 전달한다. 서경덕이나 이항복은 모두 퇴마사이지만 근원은 서로 다르다. 서경덕이 퇴마사로 등장하는 것은 그가 현재 보유한 도통력 때문이지만, 이항복이 퇴마사로 등장하는 것은 그가 앞으로 조정朝廷에서 요긴하게 쓰일 재목이라는 미래의 가능성 때문이다. 호랑이와 귀신에게 당할 운명을 타고난 사람들은 이 운명을 극복하기 위해서 호풍환우呼風喚雨하는 도인이나 동량지신棟梁之臣이 될 사람을 만나야 한다.

난파할 배를 구하는 운명

운명을 바꾸는 일은 자신에게 달렸지만, 귀인에게 달린 것이기도 하다. 특히 수壽를 연장하는 데에는 두 갈래 길이 있는 듯하다. 첫 번째는 착한 일을 하거나 근거지를 바꾸는 것으로, 당사자가 스스로 잘 알아서 하는 방법이고, 두 번째는 자신을 도와줄 현재적 능력이나 미래적 가능성이 있는 사람들을 만나 그들의 힘이나 가능성에 기대는 것이다. 그래서 인맥은 조선시대나 지금이나 매우 중요하다.

다음 이야기에 등장하는 인물도 서경덕이나 이항복처럼 유명인은 아니지만 당대에 꽤 알려졌던 사람이다.

> 신경진은 평산 사람이니 자가 군수君受요 충장공忠壯公 입砬의 아들이다. 무과에 급제하여 선전관宣傳官으로 있을 때 일찍이 벽란도를 건너다가 배가 거의 뒤집히는데, 소경 한 사람이 울면서 말하였다.
> "혹 귀인貴人이 같은 배에 타면 그의 힘으로 살 수가 있을 것이다."
> 하자 그 옆에 있던 사람이 말하였다.
> "조정 관원이 같은 배에 타고 있다."
> 이때 소경이 그의 사주를 풀어보더니 큰 소리로 말하기를,
> "이 사람은 곧 부원군에 영의정이 될 운명이니 우리는 마땅히 살 수가 있겠다."

그러자 공이 웃으면서 말했다.

"내가 선전관이기는 하지만 어찌 부원군에 영의정을 하겠는가."[9]

이 소경의 말처럼 신경진을 비롯해서 배에 탄 사람들은 모두 풍랑에서 목숨을 구할 수 있었다. 신경진(申景禛, 1575~1643)은 아버지 신립申砬이 전쟁에서 죽은 공로로 선전관이 되었다. 그 후에 무과에 합격, 훈련대장이 되고 인조반정을 처음부터 계획, 주도하여 인조의 절대적인 신임을 받았다. 병자호란 때에는 선봉장으로 싸워 인조가 남한산성으로 피난할 수 있도록 했고, 그 후에 우의정을 거쳐 영의정에 임명되었다. 무반 출신으로 영의정이 되는 것은 매우 드문 일이었다. 그의 이례적인 출세는 인조반정과 병자호란이라는 특수한 시대적 산물이었다. 자칫 험한 파도에 휩쓸려 죽을 수도 있는 사람들을 살린 것은 부원군에 영의정이 될 신경진의 남다른 운명 덕분이었다.

비행기 사고가 나면 서로 다른 운명을 가진 사람들이 한꺼번에 죽는다. 이런 사건은 운명론적 사고의 비합리성을 고발하는 대표적인 근거가 되기도 한다. 나는 어떤 드라마에서 신기神氣가 있는 것으로 설정된 예쁜 배우가 비행기 사고에 대해 무속적으로 설명하는 것을 들었다. 이런 일은 사주가 나쁜 사람들이 많이 탑승했기 때문에 일어나고, 사주가 나쁘지 않은 사람들도 그들에 휩쓸려 화를 당하게 되었다는 요지였다. 그녀의 설명대로 운 나쁜 사람들 탓에 덩달아 당하는 사고가 있다면, 역

---

[9] 『매옹한록(梅翁閑錄)』

으로 운 좋은 사람들 덕분에 덩달아 살아나는 일도 있을 것이다. 덩달아 사고를 당하거나 덩달아 살아나는 것이 가능하다는 말은 개인의 운명을 좌우하는 다른 요소가 있다는 뜻일 게다.

개인의 운명을 좌우하는 다른 요소로 중국의 철학자 왕충(王充, 27~100?)은 환경적 조건을 든다. 개인에게 정해진 천명은 특정한 환경적 상황과 결합할 때 실현될 수도 있고 실현되지 않을 수도 있다는 것이다.[10] 만약 마주친 흉한 상황이 개인의 천명보다 더 강하다면 그 천명은 실현될 수 없지만, 개인의 천명이 길한 상황과 만난다면 그 천명은 주어진 대로 실현될 수 있다. 이 설명에 비춰 보자면 풍랑이라는 환경적 조건은 매우 흉했지만, 신경진의 천명이 더 강하고 길했던 셈이다.

흉한 상황에서 아무나 자신의 수명을 보존하고, 덩달아 주변 인물의 수명을 보존·연장할 수는 없다. 그것을 가능하게 하는 인물이 바로 귀인이다. 호랑이에게 잡아먹힐 팔자였던 외아들을 살려낸 정승의 딸 역시 그 귀인에 속한다. 일국의 정승을 아버지로 둔 딸이니 그 팔자가 오죽 좋겠는가. 호랑이는 희생자로 예정된 인물이 그녀의 방에 있다는 것을 알고도 범접하지 못했던 것이다. 정승의 딸 외에 다른 귀인들은 '국가의 큰 인물', '평범하지 않은 인물', '부원군에 영의정이 될 인물'로 설정되어 있다. 하나같이 국가와 관련이 있는 인물이다. 국가에 크게 쓰이는 귀인은 특히 인재라고 할 수 있다. 인재는 스스로 되는 것이 아니라 하늘이 작정하고 내리는 것이다. 허균許筠은 조선의 인재등용책을 비판하면서 "하늘이 인재를 내는 것은 본디 한 시대의 쓰임을 위해서이다. 그

---

10) 박정윤, 「왕충의 운명론과 제한적 자유」, 『철학연구』 33집, 고려대학교 철학연구소, 2007, 14면, 재인용.

래서 하늘이 사람을 낼 때는 귀한 집 자식이라고 하여 풍부하게 주고 천한 집 자식이라 하여 인색하게 주지는 않는다."라고 하였다. 양반의 정실正室 자식이어야만 등용될 수 있었던 당시의 현실을 비판하는 허균마저도 인재는 하늘이 낸다는 것, 인재의 운명론에는 동의하는 듯하다.

    앞의 이야기들은 수명 연장이 가능하다는 것을 보여준다. 이 수명 연장 이야기는 운명론적 관점에서 보면 이중적이다. 한편으로는 호식 당할 팔자나 귀신 때문에 요절할 운명이 바뀔 수 있다는 것을 예시하지만, 다른 한편으로는 그것을 가능하게 하는 사람은 오로지 하늘이 내린 인재임을 암시하기 때문이다. 하늘은 개인의 운명을 정하고, 그 운명을 바꿀 자격이 있는 사람마저 정하는 것일까? 이들 이야기는 수명을 연장할 수 있다는 점에서 잠시 운명론의 테두리를 벗어나는 듯하지만, 인재는 하늘이 정한다는 점에서는 더욱 강력한 결정적 믿음을 전제한다.

미약한 인간의 의지와
강력한 신의 의지 사이에서

인간은 선행 덕분에 수명을 연장할 수도 있지만, 그러지 못할 수도 있다. 근거지를 바꾸거나 귀인을 만나서 비극적 사건을 모면할 수도 있지만, 그것은 잠시뿐이다. 하늘이 내린 귀인을 만나지 못하면 그마저도 어렵다. 그렇다면, 인간은 어디까지 운명을 바꿀 수 있을까?

그리스인이 아니면서 델포이의 아폴론 신전에 유독 많은 금을 가져다 바친 가문이 있었다. 바로 기게스부터 크로이소스로 이어지는 리디아의 왕족이었다. 기게스가 여섯 개의 포도주 희석용 금 동이를 봉헌했고, 크로이소스의 아버지 알뤼앗테스가 무쇠를 용접한 희석용 동이 받침대를 봉헌했다. 페르시아와 전쟁을 준비하면서 크로이소스가 봉헌한 것은 셀 수 없이 많았다. 3천 두의 가축, 금·은을 입힌 침상, 황금으로 만든 잔, 엄청나게 큰 금괴 117개와 사자 상 외에 그는 심지어 아내의 목걸이와 허리띠까지 바쳤다.[11] 그러나 우리가 5장에서 본 것처럼 크로이소스는 페르시아를 침략했다가 그의 왕국을 멸망시키고 말았다. 그는 페르시아의 키로스 왕에게 사로잡혀 화형에 처할 지경에 이르렀다가 갑자기 비가 내리는 바람에 살아난다. 그가 아폴론 신전에 사람을 보내어 자신의 억울한 사정을 호소했을 때 신탁은 이런 말을 전한다.

---

11) 헤로도토스 저, 천병희 역, 『역사』, 도서출판 숲, 2009, 33-54면.

"신들도 운명이 정한 바를 바꿀 수 없다. 크로이소스의 5대 조부祖父 기게스가 여인의 모략에 빠져 왕을 시해하고 왕위를 찬탈한 벌은 어차피 피할 수 없게 되어 있었다. 아폴론 신꼐서는 도시 사르데이스의 함락을 다음 대代로 늦추려고 애쓰셨지만, 끝내 운명신의 고집을 꺾지 못했다. 그나마 도시 함락이 예정보다 3년 늦은 것이니 이는 아폴론 신의 진력盡力 덕분으로 알아라. 또 크로이소스를 화염에서 구한 이도 아폴론 신이셨다."

도시의 함락과 크로이소스의 패배를 막을 수는 없었지만, 아폴론은 도시의 함락 일정을 조금 늦추고 크로이소스의 목숨을 구해 주었다. 아폴론이 할 수 있었던 것은 할 수 없었던 것에 비하면 사소해 보인다. 그러나 아폴론이 비록 크로이소스의 운명을 바꾸지는 못하더라도 시련의 무게를 덜어 주고자 했던 것은 리디아 왕국이 그에게 들인 정성 덕분이었다. 모든 것을 잃고 간신히 목숨을 부지한 크로이소스는 이 신탁을 듣고 위로받았을까? 이 이야기는 인간이 스스로 자신의 운명을 바꿀 수 있음을 시사하지만, 그 변화의 효과는 너무도 미미하다. 이지함의 일화도 같은 문제를 드러낸다.

『토정비결』로 유명한 조선시대의 학자 이지함 부모의 묘는 바닷가에 자리 잡고 있었다. 풍수를 잘 보았었던 이지함은 그 자리가 당장은 괜찮지만 조수가 자꾸 밀려와서 천여 년 후에는 침식당하리란 것을 내다보았다. 그는 방축 쌓기에 온 정력을 기울였다. 자료를 보면 곡식 수천 석이 동원된 이 대대적인 공사는 몇 차례 실패 끝에 수포로 돌아갔다

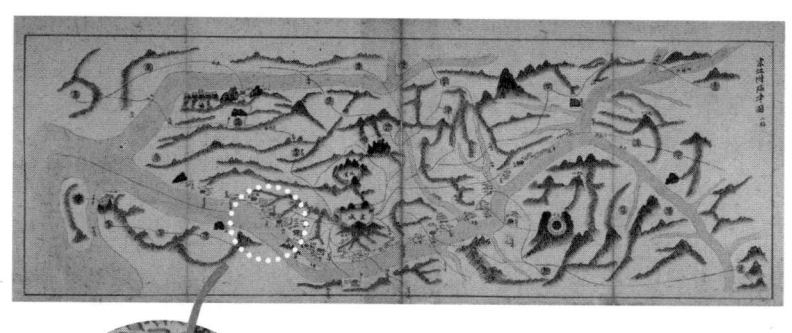

| 동국여도(東國輿圖) 경강부임진도(京江附臨津圖)
당시 이지함이 일반에 널리 알려져 있어 그가 살았던 토정(土亭)이 표시되어 있다. 19세기 전반, 규장각 소장.

고 한다.[12] 자신이 도모한 일이 수포로 돌아가리란 것을 그는 미리 알지 못했을까? 이지함은 이 공사를 비웃는 사람들을 향해 이렇게 말한다.

"사람의 힘이 미치거나 미치지 못하는 것은 따질 것 없이 힘이 닿는 대로 노력해 봐야 할 것이오. 일이 이루어지거나 이루어지지 않는 것은 하늘에 달렸는데 사람의 아들이 되어서 어찌 힘이 부족하다고 뒷날의 근심을 막지 않으리오."[13]

---

12) 김학수, 『끝내 세상에 고개를 숙이지 않는다』, 삼우반, 2005, 217면, 『선조수정실록』, 11년 7월 1일 아산 현감 이지함의 졸기.

13) 이이화, 『역사인물 이야기』, 역사비평사, 1989, 67면.

방축 공사가 실패로 돌아갈 가능성이 있다는 것을 그는 이미 알고 있었던 듯하다. 그렇다면 그는 왜 이런 무모한 일을 벌인 것일까? 그는 일의 성공과 실패는 하늘에 달렸다고 생각한다. 사람이 할 일은 뒷날의 근심을 막고자 노력하는 것뿐이다. 그는 "신수를 봐주는 것은 단순한 정신요법일 뿐이지, 요행에 의지하게 하려는 것은 아니다."[14]라고 말하기도 했다. 이런 생각은 제갈공명에게서도 발견된다. 제갈공명은 사마의와의 싸움에서 결정적 승리를 눈앞에 두고 갑자기 소나기가 내려서 뜻을 이루지 못하게 되자, "모사謀事는 재인在人이요, 성사成事는 재천在天이다."라며 안타까워한다.

이지함도 제갈공명도 하늘이 할 일과 사람이 할 일이 다르다고 생각한다. 방축의 축조를 결정하는 것도, 전쟁의 승패를 결정하는 것도 모두 하늘이 하는 일이다. 정작 중요한 일은 모두 하늘이 하는 것이다. 그렇다면, 사람은 무엇을 할 수 있을까? 이지함은 노력을, 제갈공명은 모사를 든다. 나는 궁금하다. 그렇다면, 노력과 모사처럼 인간의 힘으로 할 수 있는 일은 성공과 실패 사이에 있을까? 만약 그 사이에 있는 것이라면 노력을 통해 제방의 완공을, 모사를 통해 의도한 일을 성사할 수 있을 것이다. 그러나 만약 그 사이에 있는 것이 아니라 전혀 별개의 것이라면? 노력과 모사를 통해 인간이 얻을 수 있는 것은 최선을 다 했다는 자기만족일 것이다. 내일 지구가 멸망해도 나는 오늘 한 그루 사과나무를 심었다는 위안 말이다. 만약 인간의 노력이 성공과 실패 사이에 있는

---

14) 이현희, 『이야기 인물 한국사』, 청아출판사, 1997, 215면.

것이기에 노력해서 일이 성사될 수 있다면, 우리는 노력으로 세상을 바꿀 수 있다. 그러나 인간의 노력이 일의 성패와는 별개라면, 아무리 노력해도 세상은 바뀌지 않는다. 다만, 미련과 후회를 떨치고 무언가를 했다는 위안은 얻을 수 있다. 어떤 이는 그것이 평화요, 행복이라고 할 것이다. 이 평안과 행복이 허위는 아니겠지만, 그래도 인간 힘의 가능성에 대한 회의를 지울 수는 없다.

우리는 실제로 운명을 극복한 사람들의 이야기를 자주 듣는다. 운명 설화에 나오는 인물은 아무리 운명을 극복하려고 애써도 뜻을 이루지 못하는데, 우리가 현실에서 만나는 운명 극복의 실화들은 듣기에 매우 호쾌하다.

일본에 많은 제자를 둔 유명한 점쟁이가 있었다.
하루는 제자가 말했다.
"스승님! 스승님의 사주와 관상의 운명학은 틀린 적이 없었습니다. 그런데 스승님의 말씀대로라면 딱 한 사람만은 전혀 맞지 않습니다. 그 사람은 다름 아닌 스승님입니다."
그러자 스승이 물었다.
"네가 보기에 내 사주와 관상은 어떠하냐?"
이에 제자가 풀이에 나섰다.
"스승님께 배운 바로는 스승님의 사주는 조실부모하고, 20대 후반에 이혼하여 집에서 쫓겨나며, 36세에 길거리에서 아사餓死할 팔자입니다. 관상을 보면 지지리도 복이 없어 돈을 벌면 몇 배로 나가고, 타고난 건강도 형편없어서 항상 병마에 시달릴 상입니다."

스승이 말했다.

"그래! 네가 본 사주와 관상이 맞다. 나는 그런 운명을 타고나서 어려서 부모를 잃고 고아가 되었고 젊어서 이혼해서 지금껏 혼자 산다. 그러나 내가 선천적으로 몸이 허약하기에 양생을 통해 건강에 힘쓰고, 재복이 없으므로 항상 검소하게 살고 남에게 재물을 베푼다. 또 나는 천성이 천박賤薄하기에 열심히 공부해서 수양을 쌓는다. 또 남들보다 타고난 지혜가 부족하기에 몇 배로 노력한다. 그래서 오늘의 내가 있는 것이다. 네가 운명학으로 본 관상은 맞다. 다만, 나는 그 운명을 바꿨을 뿐이다."

유명한 일본 점쟁이의 일화에 의하면 우리가 운명을 믿는다고 해서 운명대로 살아야 하는 것은 아니다. 그는 어려서 부모를 잃고 부인도 없으며 후사도 없는 것처럼 보인다. 부모, 배우자, 자식의 유무는 그의 능력으로 바꿀 수 없는 것들이다. 그러나 그는 노력해서 건강해지고 수양을 쌓았으며 지혜로워졌다. 건강, 수양, 지혜는 그의 능력으로 바꿀 수 있는 것들이다. 건강, 수양, 지혜는 부모, 배우자, 자식과는 달리 '유무'가 아니라 '정도'로 판단할 수 있는 것들이다. 건강, 수양, 지혜처럼 정도를 가늠해야 하는 것들에는 사람의 노력이 적극적으로 개입할 수 있다. 재복은 그 중간쯤인 것 같다. 그는 검소하게 살고 남에게 재물을 베푼다. 궁하게 살지 않으려고 모은 돈을 아끼고, 어차피 나갈 돈이라면 남을 위해 현명하게 쓰는 것은 인간이 할 수 있는 부분이지만, 이 과정을 반복하면서 부자가 되기는 어렵다. 어찌 되었든, 이 점쟁이는 자신의 능력으로 할 수 있는 변화를 실현함으로써 성공한 점쟁이가 되었다. 그의 사례는 인간의 노력이 하늘이 정한 성공과 실패를 바꿀 수도 있다는 방증이다. 이때 인간의 노력은 성공과 실패의 사이에 있었음이 분명하다. 기욤 뮈소가 그의 소설 『사랑을 찾아 돌아오다』에서 말했듯이 삶은 때로 포커 게임과 비슷해서, 설령 좋지 않은 패를 받았다고 하더라도 최후의 순간에 승리할 수 있다.

9장. 운명을 운운하다

심리분석가와 역술인
불공정한 세계에서
고난의 감지와 방지
지금, 이 순간을 사랑하는 법

심리분석가와 역술인

두 아이를 양육하고, 남편 뒷바라지를 하면서 살아가는 여성이 있었다. 어느 날부터인가 그녀의 남편은 직장 일이 바쁘다며 늦게 들어오기 시작했는데, 알고 보니 그는 젊은 여자와 외도를 하고 있었다. 그때부터 그녀는 잠을 못 자고, 먹은 것을 토하기 일쑤였다.[1]

만약 유럽 여성에게 이런 일이 벌어졌다면? 그리고 그 때문에 일상적인 삶조차 영위하기 어려운 상태라면? 아마도 그녀는 심리 분석가를 찾아가 상담을 의뢰할 것이다. 분석가는 항불안제를 쓰기도 하겠지만, 환자의 말과 행동을 관찰하여 문제를 해결하려고 할 것이다. 그리고 그녀가 아내와 어머니로서의 역할을 훌륭히 해내는 것을 삶의 유일한 목표로 여기며 살아온 데서 문제의 원인을 찾을 것이다. 분석가는 환자와 여러 차례 상담을 진행할 터인데 그 과정에서 환자의 꿈을 해석할 수도 있다. 이 여성이 "어떤 가파른 바위 위로 올라가야 하는데 뱀들이 뒤에서 쫓아오고 앞에도 뱀이 많아서 갈 수 없었어요. 그때 갑자기 선생님이 저쪽에 나타나자 뱀들이 물러서서 길을 열어 놓는 꿈을 꾸었어요."라고 말한다면, 분석가는 그 꿈을 이렇게 해석할 것이다.

---

1) 이부영, 『자기와 자기실현』, 한길사, 2002, 101면에 나온 사례를 참고했다. 이어지는 정신분석학적 해석 역시 이부영의 의견을 상당 부분 참조하였다.

"당신의 꿈에 나타난 저는 일종의 영혼 인도자의 역할을 합니다만, 사실은 제가 아니라 당신 내면의 긍정적 모습일 뿐입니다. 이 꿈은 이제 당신이 힘들어도 '자신만의 길'을 가야 한다는 것을 암시하는 꿈입니다."

그녀가 '자신만의 길'이란 것이 대체 무엇을 뜻하느냐고 묻는다면 분석가는 또 이렇게 대답할 것이다.

"그것은 자기실현의 길입니다. 자기실현이란 남들이 보는 나, 융이 말하는 페르소나persona에 얽매이지 않고, 무의식의 긍정적인 힘에 눈뜨는 것입니다."

그러나 만약 똑같은 일이 한국 여성에게 일어났다면? 그녀는 역술가를 찾아가 상담을 의뢰할 가능성이 크다. 점술가는 환자의 사주를 묻고, 관상이나 수상을 참고하면서 문제를 해결하려고 할 것이다. 그리고 그는 문제의 원인을 의뢰인의 사주 구성에서 찾을 것이다.

"당신은 약한 물의 기운을 타고났어요. 당신의 남편은 흙입니다. 비가 많이 올 때 흙은 물이 넘치는 것을 막아주니 고마운 존재이지만, 메마를 때 흙은 물을 바짝 빨아들입니다. 그런데 지금은 물이 메마른 시기로군요."

그녀는 꿈 얘기 같은 것은 꺼내지 않을 수도 있다. 더 중요한 질문이 있기 때문이다.

"그렇다면, 이혼해야 할까요?"

점술가는 이렇게 대답할 것이다.

"이럴 때 부부가 떨어져 살면 나쁜 운을 모면할 수 있어요. 안 그러면 이혼하거나 둘 중 한 사람이 아플 수 있으니 조심해야 합니다."

역술가는 이렇게 위로할 수도 있다.

"사실, 남편이 바람을 피운 것은 당신의 운명 때문입니다. 지금 상황을 받아들이기 괴롭겠지만, 남편이 당신을 멀리하고 다른 여자를 가까이함으로써 당신에게 해로운 흙 기운이 사라진 셈이니 불운 중 다행으로 알아야 합니다. 지금은 이혼을 생각할 때가 아니에요."[2]

남편과 자식밖에 모르던 친구가 어느 날 갑자기 남편의 외도 때문에 고통을 호소한다면, 당신은 친구에게 이런저런 충고를 할 수도 있을 것이다. 그러나 당신의 충고는 분석가나 역술가의 말과는 달리 그녀에게 별로 효과도 없고, 위로도 되지 않는다. 그렇다면, 그들 '전문가'의 말은 일반인의 말과 대체 무엇이 다를까?

분석가나 역술가의 말에 효과가 있는 이유는 그것이 '체계' 속에 있기 때문이다. 분석가와 역술가는 인격의 구성이나 사주의 구성에서 문제를 파악하고, 그것과의 관계 속에서 해결책을 언급한다. 내면의 긍정적 무의식을 개발하든, 현재의 흐름을 알고 대처하든, 그들 전문가는 문제 해결의 원인도 방법도 모두 인간의 내면에 있다는 점을 인정한다. 그러나 두 전문가 사이에는 몇 가지 다른 점이 있다.

분석가는 처음부터 문제를 언급하지 않는다. 그들은 일단 그녀에게 일어난 일을 스스로 말하게 한다. 그녀는 자존심 때문에 친척이나 친구들에게 말할 수 없었던 사연을 털어놓으며 고통을 호소한다. 그동안 말

---

2) 김민조, 『팔자, 정말 있을까』, 소래, 2008, 123-128면.

할 수 없었던 고통을 알아주는 존재가 있다는 사실만으로도 그녀는 위로를 얻는다. 하지만 분석가는 그녀가 결혼생활을 계속해야 하는지, 혹은 이혼한다면 어떻게 생계를 꾸려가야 하는지에 대해서는 딱 부러지게 해답을 줄 수도 없고, 또 그럴 의도도 없을 것이다. 분석가는 그녀가 '자신만의 길'을 찾도록 도와주는 역할을 할 뿐, 그 길이 무엇인지 구체적으로 알려줄 수는 없다. 그는 그녀가 스스로 그것을 찾을 수 있도록 내면에 집중하는 방식을 훈련하게 한다. 이처럼 심리분석은 문제 해결의 과정을 중시한다.

분석가에게는 꿈 이야기를 포함하여 모든 것을 구구절절 털어놓아야 하지만, 어떤 역술가는 의뢰인에게 말 못할 사정이 있음을 미리 알아차리기도 한다. "남편이 바람을 피워서 왔지?"라고 운을 떼기도 하는 것이다. 분석가가 여러 차례 상담을 통해 많은 말을 하게 하고도 정작 문제의 해결책을 내놓지 않는 것에 비하면 점술가의 해결책은 지극히 구체적이다. 진지하게 이혼을 고려하던 의뢰인도 모든 것을 자신의 사주팔자로 돌리며 당분간 참아보자고 마음을 다잡을 수도 있다. 더군다나 점쟁이는 남편의 애인을 떼어내는 데 효험이 있다며 부적 처방을 할 수도 있다.

동양계 미국인들은 심리상담을 꺼리거나, 상담을 받더라도 중도에서 그만두는 사례가 흔하다고 한다. 그들은 심리상담보다 점술문화에 더 익숙하기 때문일 것이다. 그래서 심리학계에서는 점술문화에 익숙한 내담자에게 접근하는 방법을 두고 고심하기도 한다. 그런 내담자는 분석가가 자기 문제에 직접 개입하고, 즉각적으로 해결해 주기를 바라

 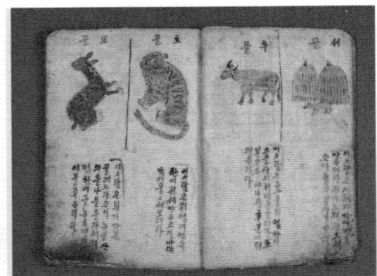

| 목재 부적(좌)과 당사주책(우) 서강대학고 박물관 소장.

기 때문에 그에 따른 처방이 있어야 한다는 것이다.³ 점술문화에서는 과정보다는 결과가 중요하다.

전문가의 도움으로 개인의 내공을 키워 문제 해결에 접근하려는 상담은 과학적인 것처럼 여겨지지만, 점술가에게 모든 것을 맡겨서 현실을 바꾸어 보려는 점술은 미신이라고 불신당하기 쉽다. 과연 사주는 인간의 성격과 길흉의 변화를 반영하고 있을까? 그렇다 하더라도 그 점술가는 사주를 정확하게 풀고 문제를 해결할 만한 능력이 있을까? 그렇다 하더라도 점술에 의존한다는 것은 너무 안이한 생각이 아닌가?

『묵자墨子』에는 운명론자에 대한 신랄한 비판이 나온다.

운명이라는 것이 있다고 강력하게 주장하는 유자儒者들은 말하기를, "오래 살고 일찍 죽고, 가난하고 부유하고, 편안하고 위태롭고, 다스

---

3) 김영재, 『점복문화 배경의 여성 내담자를 위한 상담전략의 모색』, 숙명여자대학교 박사학위논문, 2004, 15면.

려지고 어지러운 것은 본래 천명이므로 인간이 덜어내거나 더할 수가 없는 것이다. 곤궁하고 영달하는 일도, 상을 받고 벌을 받는 일도, 행복하거나 불행한 것도 정해진 운명으로서 사람의 지혜나 힘으로는 어쩔 수가 없는 것이다."라고 한다.

만약 많은 관리가 이것을 믿는다면 담당한 직분에 태만하게 되고, 서민들이 이것을 믿으면 종사하는 일에 태만하게 된다. 관리들이 다스리지 않으면 세상이 어지러워지고 농부들이 농사에 힘쓰지 않으면 가난해진다. 가난하고 또한 어지러워지는 것은 정치의 근본에 위배되는 것이다. 그렇건만 유자들은 운명론을 도道라고 가르치고 있다. 이것은 천하의 사람들을 해치는 것이다.[4]

묵자는 운명론을 주장하는 사람들의 핵심을 요약한 뒤 그것을 반박한다. 그는 주로 태만으로 인한 가난과 질서의 부재라는 운명론의 부정적 효과를 비판한다. 세계가 결정론적이고 운명적으로 진행한다는 믿음이 있다면 개인은 과연 아무 일도 하지 않게 될까? 운명론은 인간은 무기력하게 하는 것일까?

실제로 중요한 일을 앞두고 점을 보러 가는 사람도 점술가의 말이 자신의 결정과 방향이 다를 때에는 그 일을 아예 포기하는 것이 아니라, 매우 조심하며 진행하거나, 아니면 듣고 싶은 말을 들을 때까지 점집을 전전한다고 한다. 한 여성잡지에서는 점과 관련해서 독자들에게 설문조사를 했다. '나에게 점은 X다.'라는 문장에서 X를 채우라는 문제였다.

---

4) 『묵자(墨子)』, 「비유(非儒)」

기산풍속도(箕山風俗圖) 경 읽기(좌)·복자점(중)·당사주(우)
김준근의 작품으로 조선 후기 맹인을 비롯한 점쟁이들이 경을 읽고 점을 보는 모습을 그렸다. 한국에서 여성과 점의 친연성은 그 뿌리가 유구하다. 독일 함부르크 민속박물관 소장.

어떤 이는 "점은 베스킨라빈스31이다."라고 하였다. 듣기 좋은 것만 골라 들으면 되기 때문이다. 또 "든든한 마음의 동지"라고 한 사람도 있었다. 결정의 순간 마음을 정하고 나서 내 결정이 옳았음을 확인해 주기 때문이란다. 좋은 이야기만 기억하고 힘들 때를 떠올리며 용기를 얻기에 점은 '피로회복제다.'라고 답한 사람도 있다. 점을 본 내용 가운데 좋은 내용, 필요한 내용을 취사선택한다면, 사람들은 무언가를 하기 위해 점을 이용하는 셈이다. 그러다 보니 여러 번 점을 볼 수밖에 없다.

사실 『주역』은 같은 내용을 두고 여러 차례 점을 보는 것을 탐탁지 않게 여긴다. 『주역』의 몽괘夢卦에서는 '첫 점은 알린다. 거듭하면 더럽히니 더럽히면 알려 주지 않는다.'라고 하고, '반복하여 재점再占하는 것을 망단妄斷'이라 하여 정도를 벗어나 그릇된 일을 점치지 말라고 경고한다. 한 번의 판단에는 모든 성의가 들어가고 이를 통한 판단은 이미 '진인사대천명盡人事待天命'이라는 교훈에서처럼 인간이 할 수 있는 모든 노력과 도리를 다 하고 나서 그 결과를 겸허하게 기다린다는 의미에서 점복을 대하는 바른 자세를 제시하고 있는 것이다.[5]

그러나 듣고 싶은 말이 나올 때까지 점을 보는 습관은 『주역』이 성립되기 훨씬 전부터 형성된 전통 가운데 하나이기도 하다. 주술성을 바탕으로 고대의 문자와 문명을 해석한 일본의 시라카와白川靜는 우메하라梅原猛와의 대담 중에 이런 이야기를 들려준다. 그는 중국의 신성왕조에서 신과 소통할 수 있는 수단이 문자였다고 주장하는데, 갑골문도 신에게 "이 문제의 해답을 주세요." 하는 식으로 묻기 위한 도구로 발전했다고 본다. 그런데 이 물음에 신이 직접 답을 하는 게 아니라 자기가 원하는 답이 나올 때까지 물어서 "신도 승낙했다."라고 선언한다는 것이다. 자기가 원하는 답이 나올 때까지 몇 번이고 되풀이하기에 결코 나쁜 결과가 나오지 않는다.[6]

점을 보는 사람이 이미 의사를 결정한 후에 점을 보는 경향이 있다는 사실을 인정한다면 이제 우리의 논점은 점이 사주를 비롯하여 실재하는 것에 대해 무언가를 전달하는가, 그렇지 않은가 하는 것이 아니라, 그것을 통해 점을 의뢰한 사람은 무엇을 얻는가 하는 것이다.

---

5) 정승안, 『한국 사회에서 점복의 사회적 의미』, 부산대학교 석사학위논문, 1998, 56면.
6) 시라카와 시즈카, 우메하라 다케시 대담, 이경덕 역, 『주술의 사상』, 사계절, 2008, 26면.

불공정한 세계에서

『열자列子』, 「역명力命」에 있는 이야기이다.

어느 날 북궁자北宮子가 서문자西門子를 찾아와 이런 말을 하였다.
"저는 선생님과 같은 세상을 살고 있는데, 사람들은 선생님이 뜻을 이룬 분이라고 합니다. 같은 일가인데도 사람들이 선생님은 공경합니다. 외모가 비슷한데도 사람들이 선생님은 좋아합니다. 비슷한 말을 하는데도 사람들이 선생님 말은 따릅니다. 비슷한 행동을 하는데도 사람들은 선생님이 진실하다고 생각합니다. 똑같이 벼슬살이를 하는데도 사람들이 선생님은 귀하게 여깁니다. 똑같이 농사를 짓고 있어도 사람들은 선생님이 부유하다고 생각합니다. 똑같이 장사를 해도 사람들은 선생님이 이익을 많이 올린다고 생각합니다. 선생님께서는 집에 있을 때에는 저를 내치려는 마음을 가지시고, 조정에 있을 때에는 저에 대해 오만한 빛을 띠고 계십니다. 서로 초청하거나 찾아다니지 않고 함께 놀러다니지 않은 지도 여러 해 되었습니다. 선생님의 눈으로는 선생님의 덕이 저보다 뛰어나다고 보십니까?"
서문자가 대답하였다.
"나는 그런 사실을 알 수가 없소. 당신은 일을 하였으되 궁하여졌고 나는 일을 한 것들이 뜻대로 되었는데, 이것은 덕에 두텁고 얇음이 있기 때문일까요? 어쨌든 모든 것을 나와 비슷하게 하였다고 생각하는 것은 당신의 얼굴 가죽이 두껍기 때문이오."

서문자는 북궁자가 자신보다 못한 처지라고 해서 배척하고 오만하게 대했다고 한다. 게다가 서문자는 북궁자의 질문에, '나는 후덕한데 너는 박덕한 거 아니냐, 네가 나와 비슷하다고 생각하다니 얼굴 가죽이 참 두껍구나.'라는 말을 해댄다. 이를 보면 서문자는 결코 후덕한 인물이 아님을 알 수 있다. 성격이 좋지 않다거나 노력이 부족하다는 말을 다른 사람에게서 들으면 대부분 상심하게 마련이다. 특히 다른 사람을 배려하고 열심히 일했다고 자부하는 사람일수록 상처는 크다. 아마도 북궁자는 '성실한' 캐릭터였던 모양이다.

투입과 산출의 불균형은 우리를 좌절하게 한다. 시험을 망쳐서 자살하는 학생은 대부분 평소 공부에 몰두하던 모범생이다. 남편이 바람을 피운 이후 우울증이 생겼다고 호소하는 아줌마는 대부분 아이 뒷바라지와 살림에 정신이 없었던 조강지처이다. 결과가 노력에 못 미친다고 생각될 때 우리는 실망하고, 결과가 노력을 배반할 때 우리는 삶에 대한 의욕을 상실한다. 어느 점술가의 상담 내용도 거기에서 많이 벗어나지 않는다. 열심히 일하고 저축했는데, 부인이 사치스럽고 투기를 좋아해서 가산을 몇 번씩이나 탕진한 남자, 몇 년간 아이 갖기를 소망하다가 드디어 임신했는데, 태어난 아이가 돌도 안 되어 죽은 부부, 능력 있는 남편감을 찾아 학벌이 좋은 남자와 결혼했는데, 남편이 하루가 멀다고

회사를 그만두는 바람에 결국 자기가 밥벌이를 해야 했던 여자 등.[7]

공자도 덕행이 뛰어난 제자 백우(伯牛)가 문둥병에 걸리자 이렇게 한탄한다.

"가망이 없는가 보다. 운명인가 보다. 이런 사람이 이런 병에 걸리다니. 이런 사람이 병에 걸리다니."[8]

불공정해 보이는 현상과 대면할 때 우리는 어떤 선택을 할 수 있을까? 사실, 세상이 공정하다는 것은 인간이 고안한 이념일 뿐, 본질적으로 불공정한 자연의 질서를 그대로 반영한 것은 아니다. 그러나 때로 우리는 세계가 공정하다고 믿음으로써 긍정적인 효과를 얻을 수 있다. 이러한 환상은 각자가 처한 생활 형편과 사회 환경을 공정하고 만족스러운 것으로 인식하기에 용이하고, 일상의 부담을 더욱 잘 극복하도록 도와주며, 의미의 공황 상태에 대처할 때도 영향을 미친다.[9] 한 조사에 의하면 일한 만큼 잘살 수 있다거나, 하면 된다고 믿는 의지는 모두 환상의 산물이지만, 그 공이 크다고 한다. 1990년대에 라이프치히의 여성 실업자들을 상대로 한 여론조사 결과를 보면 세상이 공정하다고 믿는 여성이 취업에 더욱 적극적으로 나선다는 것을 알 수 있다.

그런데 세계의 공정성에 대한 환상은 때로 현재 상황을 합리화하는 이데올로기로 작용할 수 있다. 어떤 성공(실패)이든 그에게는 성공(실패)

---

7) 김민조, 『팔자, 정말 있을까』, 소래, 2008.
8) 命矣夫 斯人也 而有斯疾也, 『論語』, 「雍也」.
9) 프란츠 M. 부케티츠 저, 원석영 역, 『자유의지, 그 환상의 진화』, 열음사, 2009, 76면, 재인용.

할 만한 이유가 있다고 생각하게 만든다. 취직하려고 노력했으니 취직한 것이고 취직하려고 노력하지 않았으니 취직하지 못한 것이다. 덕이 있으니 잘살게 된 것이라는 서문자의 말도 이와 비슷하다. 그러니까 세계가 공정하다는 환상은 내세나 피안의 세계를 인정하는 않는 사람들, 즉 단일한 현실 세계만을 인정하는 사람들이 현재 상황을 합리화하는 데 이용될 수도 있다.

투입과 산출의 불균형을 대할 때, 많이 노력했으나 적게 거두었다고 생각할 때, 우리는 여러 가지 선택을 할 수 있다. 정서적으로 허무주의에 빠질 수도 있고 뭔가 합리적인 설명을 원할 수도 있다. 북궁자가 만난 동곽 선생은 그가 경험하는 불균형에 대해 설명을 시도한다.

북궁자는 서문자에게 웅대할 말이 없어 돌아오는 길에 동곽 선생東郭先生을 만났다. 동곽 선생은 북궁자의 기색에 부끄러움이 있는 것을 보고 자초지종을 캐물었다. 그리고 북궁자와 함께 다시 서문자를 찾아가서 이렇게 말한다.
"당신이 말하는 두텁고 엷은 것은 재능과 덕의 차이지만, 내가 말하는 두텁고 엷은 것은 그것과 다릅니다. 북궁자는 덕에 있어서는 두텁지만 운명에 있어서는 엷소이다. 당신은 운명에 있어서는 두텁지만 덕에 있어서는 엷소이다. 당신이 뜻을 이룬 것은 지혜로써 한 것이 아니며 북궁자가 궁하여진 것은 어리석어서 실패한 것이 아니외다. 모두가 하늘이 하는 것이요, 사람이 한 게 아니지요. 그런데도 당신은 운명이 두텁다는 것으로 스스로 뽐내고 있고 북궁자는 덕이 두터운데도 스스로 부끄러워하고 있으니 모두가 그렇게 된 이치를 알지 못하기 때문입니다."

동곽 선생의 설명에서 불공정함은 개인의 탓이 아니라 하늘의 탓이다. 운이 좋은 것을 자랑하는 서문자나 덕이 있으면서도 부끄러워하는 북궁자나 '이치'를 모르기는 마찬가지이다. 북궁자가 투입과 산출의 불공정함을 경험하는 것은 지혜가 부족해서도 아니고 덕이 없어서도 아니다. 그것은 그의 탓이 아니라 하늘이 그렇게 만들어 놓은 것이다. 하늘이 이미 그렇게 만들어 놓은 것 역시 북궁자가 뭔가 잘못을 저질러서 벌을 내리고자 한 것이 아니다. 그냥 그런 것뿐이다. 이런 사실을 알고 나자, 북궁자의 태도가 변한다.

그는 짧고 거친 옷을 입고도 여우나 담비의 갓옷처럼 따스하게 느꼈고, 콩으로 된 음식을 먹어도 벼와 기장밥의 맛을 느꼈고 허름한 초가에 살아도 넓은 대궐 아래 사는 듯이 느꼈고, 나무 수레를 타도 무늬 있는 높은 수레를 타는 것처럼 여겼다. 평생토록 의기양양하여 영예와 치욕이 저기 있는지 여기 있는지 알지 못하였다.

이러한 이치를 깨닫게 된 순간, 그는 왜 갑자기 편안해졌을까? 덕도, 노력도 모자라서 못산다고 생각했을 때 그는 수치감을 느꼈다. 그러나 그에게 모자란 것이 운이라는 것을 알고 나서는 편안해졌다. 덕이나 노력은 자신에게 달린 것이지만, 운은 자기가 어찌할 수 없는 것임을 깨달았기 때문이다. 자기가 할 수 없는 일에 대해서 성공(영예)과 실패(치욕)를 가름하는 것은 의미 없다. 그는 성공과 실패로 자신과 남의 인생을 재단하지 않게 되었기에 편안해졌던 것이다. 성공과 실패는 이제 그의 인생에서 중요한 키워드가 아니었던 것이다.

「보스턴 리걸Boston Regal」이라는 미국 드라마에는 천재적이지만 사교성이 모자란 변호사가 나온다. 그는 회사에서 큰 소동을 일으키고 변호사 자격증이 박탈될 위기에 놓인다. 소송 과정에서 자신의 결함이 일종의 자폐증 때문이

| 보스턴 리걸(Boston Regal)

라는 것을 확인하자, 그는 이렇게 말한다. "한편으로 안심되네요. 늘 정상이 아닌 게 슬펐는데, 정상일 수 없었던 거군요." 추측건대, 이제 정상 여부는 그의 삶을 좌우하는 키워드가 되지 않을 것이다.

점은 금전운, 자식운, 직업운 등 자신에게 허락된 것을 분야별로, 정도껏 보여준다. 점의 메뉴에는 정상성 여부가 포함되어 있지 않을 수도 있지만, 고객이 할 수 있는 것과 할 수 없는 것을 제3자의 관점에서 알려준다. 그래서 점은 불공정한 세계에서 개인이 상처받지 않는 하나의 방편이 되기도 한다.

고난의 감지와 방지

조선시대 도술설화 중에는 전쟁과 관련된 것이 많다. 조선시대에도 전쟁과 관련해서 많은 예언이 등장한다. 앞서 우리는 광해군이 아우 정원군을 감시하고 그의 아들까지 죽인 역사적 사건을 언급했다. 광해군은 정원군의 집이 있던 '인왕산 아래에 왕기가 있다'는 말이 나돌자 그의 땅을 빼앗아 그곳에 경덕궁을 짓기도 했다. 그러나 곧 반정이 일어났고, 정원군의 아들 능양군이 왕위에 올랐으니 그가 곧 인조다. 인왕산 아래 왕기가 있다는 예언은 실현된 셈이다. 왕기 때문에 궁궐이 건축되고 젊은 왕자가 죽기도 했다. 『매옹한록梅翁閑錄』에서는 도인 남사고가 왕기의 예언자라고 하였다.

남사고는 이른 시기에 이미 임진왜란을 예언했다고 한다. 그는 어느 날 영동 지역을 지나다가 갑자기 하늘을 우러르고 놀라 말에서 떨어졌다. 그리고 "오늘 조선을 해칠 자가 태어났다."라고 말했다. 도요토미 히데요시(平秀吉, 1536~1598)의 생년월일을 맞추어보니 바로 그날, 남사고가 말에서 떨어진 날이라는 것이다. 또 동쪽을 향해 주문을 외우면서 "살기殺氣가 매우 성하니 왜구가 몰려올 것이다. 나는 그것을 못 보겠지만 모두 조심하라."라고 말했다고 한다.

남사고 말고도 임진왜란을 예언한 사람은 여럿 있다. 이제신(李濟臣, 1510~1582)은 재산가였는데, 장차 큰 난리가 일어나 지키지 못할 것이라면서 모두 나누어 주었다고 한다. 그가 재산을 정리하고 얼마 후 임진왜란이 일어났다. 정두鄭斗는 임진왜란 때 자식이 죽으리란 것을 예언했다고 한다.

전쟁 때뿐만 아니라 세기말에도 많은 예언이 난무한다. 노스트라다무스는 1999년 지구가 멸망한다고 예언했다. 왕조의 멸망에도 예언서들이 관여한다. 신라 말기에는 도선道詵이 예언하였다는 비기祕記가 끊임없이 나돌았고, 고려 말기에는 무학이 지었다는 비결祕訣이 쉼없이 사람들 입에 오르내렸다. 비기는 새 왕조가 열리고 새로운 사회가 건설된다는 내용을 담고 있다.[10]

또 사람들은 경제적으로 궁핍하거나 어려울 때 미신에 매달린다는 연구결과가 있다. 1982년 마셜 대학교의 버넌 파지트Vernon Padgett와 캘리포니아 주립대학교의 데일 요르겐슨Dale Jorgenson은 양차 대전 중 독일의 주요 잡지와 신문에 실렸던 점성술, 신비주의, 컬트와 관련된 기사의 수와 경제 사정을 비교하는 논문을 발표했다. 그에 의하면 1920년대 중반 독일에서는 지폐를 쇼핑 가방에 넣고 다녀야 할 정도로 인플레이션이 심해 사람들은 돈이 생기자마자 써버리려고 했다고 한다. 1932년에는 독일인 절반이 실직 상태로 경제적 궁핍이 최악에 달했다. 이 시기에 미신에 관한 글이 독일 사회 곳곳에 떠돌았는데, 이처럼 경제 상황이 악화할 때 미신에 대한 일반의 관심은 늘고 경기가 호전되면 줄어든다.[11]

임진왜란이건 세계대전이건 전쟁은 시대와 공간을 초월해서 대중

---

10) 이이화, 『한국사 이야기 13: 당쟁과 정변의 소용돌이』, 한길사 2001, 310면.
11) 리처드 와이즈먼 저, 한창호 역, 『괴짜 심리학』, 웅진지식하우스, 2008, 117면.

을 순식간에 불안에 몰아넣는 가장 강력한 기제이다. 그와 마찬가지로 왕조의 말기는 이미 있는 것은 부패했고 새로 올 것은 정해지지 않은 시기이다. 이런 '수상한 세월'에는 예언과 미신이 난무한다. 사람들에게는 예언과 미신을 통해 미래의 불안을 통제하려는 욕구가 있기 때문이다.

　불안을 감지하여 미래를 대비하게 한다는 점의 효능에 대한 생각은 『지봉유설芝峰類說』에도 잘 나타나 있다. 이수광은 『지봉유설』에서 의약과 점을 함께 언급하면서 "의약은 죽음에서 삶을 구하는 것이고, 점은 흉을 피하고 길함을 좇는 일[避凶趨吉]이다. 그 시초는 모두 성인에게서 나왔으니 진실로 이를 소홀히 할 수 없다."라고 하였다. 흉함을 피하고 길함을 좇게 함으로써 고통스러운 사건과의 만남을 피한다는 논리이다.

　이수광은 점이 흉함을 피하고 길함을 좇는 데 실제적인 힘을 발휘한다는 것을 전제한다. 그러나 나는 그러한 믿음은 별개로 치더라도, 점에 대한 긍정적 평가는 가능하다고 본다. 점을 본다거나 예언을 듣는다는 것은 인간의 의지에 따른 결과이기 때문이다. 신문에서 「오늘의 운세」란을 들여다보거나, 타로점을 치는 가게 문을 열고 들어가거나, 인터넷으로 유명한 점쟁이를 검색해서 찾아가는 것은, 정도는 다르지만 자신의 운명을 알고 싶다는 의지에서 비롯된 행동이다. 이 의지에 초점을 맞출 때 점술 행위에는 긍정적인 측면이 부각되곤 한다. 이 의지는 인간이 자신에게 주어진 고통을 극복하려는 노력의 증거이다.

　현대 점복 연구도 이 점을 강조한다.

점복은 숙명론에 젖어들게 하는 장치가 결코 아니며, 오히려 점복행위는 미래를 알 수 없다는 삶의 불확정성 앞에 압도당하거나 굴복하지 않고 어떻게 해서든지 자신 앞에 놓인 난관의 실체를 파악하여 이를 바탕으로 난관에 걸려 넘어지지 않고 통과하기를 바라는 사람들의 열망에서 비롯된, 행복을 추구하는 적극적인 삶의 의지의 발현이라고 할 수 있다.[12]

역설적이게도 예언은 불안의 상징임과 동시에 불안을 희석하는 역할을 한다. 점을 통해 불안이 희석되기를 바라는 주체는 행복을 바라는 주체이기도 하다.

---

12) 김영재, 『점복문화 배경의 여성 내담자를 위한 상담전략의 모색』, 숙명여자대학교 박사학위논문, 2004, 215면.

지금, 이 순간을 사랑하는 법

때로는 현실 세계를 초월해서 인간에게 허락된 행복과 불행을 미리 정해 놓은 또 다른 세상이 존재한다는 믿음이 필요하다.

그렇다면, 우리는 왜 믿음을 가지는 것일까? 마르틴 우르반Martin Urban은 하나의 대상이나 사건이 모든 사람에게 믿음을 불러일으키지는 않는다고 전제하면서, "믿는 사람에게는 기적, 잘 믿지 않는 사람에게는 우연"이라고 말한 적이 있다. 그는 취리히의 두뇌정신연구소의 실험을 그 근거로 든다. 그 실험에서는 의미상 관련이 있는 한 쌍의 단어(예를 들면 사자–갈기)와 간접적으로만 관련이 있는 한 쌍의 단어(예를 들면 갈기–머리카락)를 피실험자에게 보여주고 뇌파의 반응을 측정했다. 초자연적 힘을 믿는 사람들은 두 경우 모두 우뇌에서 반응을 보였다. 그러나 회의주의자들은 별다른 반응을 보이지 않았다.[13]

이 실험은 인간이 믿음을 가지는 것이 우뇌의 기능 방식과 관련이 있음을 알려준다. 더 나아가 이 실험은 무언가를 잘 믿는 사람은 서로 관련성이 긴밀하지 않은 기호들이라 하더라도 관련성을 만들어 내는 데 익숙하다는 사실을 보여준다. 까마귀와 불운, 동전과 안정, 달걀과 실패, 다섯 글자와 대박, 한류스타와 쪽박, 동상의 신체 일부와 시험운 등 서로 관련 없는 것들의 관련성을 믿는 것은 인간의 우뇌 작용 때문이

---

13) 마르틴 우르반 저, 김현정 역, 『사람들은 왜 무엇이든 믿고 싶어할까?』, 도솔, 2008, 48면.

라는 것이다. 마르틴 우르반은 페터 브루거Peter Brugger의 말을 인용한다.

> 우리의 뇌에는 우연을 인식하는 능력이 있다. 그렇기에 우리는 우연을 직접적으로 파악하지는 못한다. 우리는 일정한 모양이나 규칙성을 인식할 수 없는 지점에서만 우연이 존재한다고 믿는다.[14]

이 실험은 인간 믿음의 근본을 파헤치는 매우 기초적이면서도 중요한 시도인 것처럼 보인다. 그러나 과학은 우리에게 '어떻게'에 대해서는 말해 주지만, '왜'에 대해서는 침묵한다. 예를 들어 과학은 '왜 세상이 존재하는가?'라는 질문이나 '왜 빅뱅이 발생했는가?'라는 질문에 대답하지 못한다.[15] 사람들이 서로 관련이 없는 기호들을 관련시키는 것은 우뇌를 통해 가능하다는 앞의 과학실험 결과도 마찬가지다. 이 실험은 기호들을 관련시키는 방식에 대한 해답을 제공하기는 한다. 그러나 이 답은 '사람들은 왜 서로 관련 없는 것 같은 기호들을 관련시키는가?', '왜 우뇌는 서로 관련이 없는 기호들에 반응할 수밖에 없는가?'라는 질문에는 속수무책이다. 우연이 아닌 규칙을 믿는 우리의 태도가 뇌의 일반적인 작용에서 비롯된 것이라 하더라도, 그것이 삶에 대한 인간의 근본적 태도를 결정한다는 것, 그리고 그 근본적 태도를 실천하는 방법이 인간마다 다르다는 사실은 매우 중요하다. 이 지점에서는 철학이 과학보다 낫다고 하겠다.

---

14) 마르틴 우르반 저, 김현정 역, 위의 책, 36면.
15) 샤를 페펭 저, 정혜용 역, 『7일간의 철학여행』, 현대문학, 2008, 165면.

'신은 죽었다!'라고 외치며 우상을 때려부순 '망치의 철학자'로 유명한 철학자 니체(Nietzsche, 1844~1900)는 '아모르 파티Amor Fati'를 구원의 주제어로 삼았다. 자신의 운명을 받아들이고 사랑하라는 뜻으로 '운명애運命愛'라고도 번역되는 아모르 파티는 영원회귀와 관련이 있다. 이 세상은 기본적인 패턴대로 똑같이 돌아간다. 니체에 의하면 우리가 새롭게 뭔가를 만들어 내려면 일단 이 세상의 순환적 법칙을 인정해야 한다. 이런 상황에서 최선의 삶, 새로운 삶이란 어떤 것일까? 니체는 우리에게 지금 이 순간을 살라고 말한다. 순간을 산다는 것은 현존하는 모든 것을 사랑하고 행복한 사건과 불행한 사건을 구별하는 습관에서 자유로워진다는 것이다. 특히 니체는 과거를 후회하고 미래를 두려워하는 내면의 분열에서 자신을 해방하라고 말한다. 아모르 파티, 운명애의 정점은 인간을 죄의식에서 완전히 해방한다는 이상에 있다. 죄의식은 가장 대표적인 내적 분열이기 때문이다.[16]

신문을 읽다가 이런 칼럼을 보았다.

뜻밖의 일로 들리겠지만, 조선시대의 부부는 우호적인 관계를 유지했다. '칠거지악七去之惡'으로 여자들이 쉽게 쫓겨났으리라고 생각하는데 사실과 다르다. 칠거지악으로 부인이 쫓겨난 경우는 거의 찾아볼 수 없다. 칠거지악의 악조건들을 다른 방식으로 해결했기 때문이다. 가령 아들을 낳지 못했을 경우 조선사회가 마련한 양자 제도라는

---

16) 뤽 페리 저, 임왕준 역, 『사는 법을 배우다』, 기파랑, 2008, 238면.

대안을 이용했다. 사실상 이혼이 불가능했다. 조선의 부부들은 어차피 갈라설 수 없었으므로 상황에 적응하고자 했다. (……) 주어진 조건과 환경은 나빴으나 조선의 부부들이 '자신의 처지를 약진의 발판으로' 잘 활용한 덕분이다. 그들은 국가가 부부관계의 갈등과 파산을 원하지 않는다는 사실을 잘 알고 있었다. 그래서 거기에 적극적으로 적응했던 것이다.[17]

물론, 역사학자가 쓴 이 칼럼에는 운명이라는 말이 한 번도 나오지 않는다. 그러나 나는 여기에서 조선식 운명애를 읽는다. 제도 덕분이기는 하지만 이들은 자신에게 주어진 배우자, 배우자를 만나 달라진 상황에 대해 좋고 싫음과 행복과 불행을 따지지 않고 인정할 수밖에 없었던 것이다. 상황을 인정할 수밖에 없으면 거기에 적응하고자 노력하게 되고, 열악한 환경도 견딜 만한 것이 된다. 아니, 그 이상이 되기도 한다. 결혼에 대한 후회와 관계의 지속에 대한 불안이 없다면 부부관계는 우호적일 수 있다.

때로는 정해진 것들이 필요할 때가 있다. 백화점을 온통 들쑤시고 다녀도 찾지 못하다가, 아주 작은 가게에서 정말 마음에 쏙 드는 옷을 만나기도 한다. 이 가게 외에는 대안이 없음을 알게 되면 그 가게 옷에 집중하게 된다. 백화점을 돌아다닐 때 드는 체력의 소모와 눈의 피로가 없기에 고르다 지쳐 내키지 않는 옷을 사게 되는 일도 없다. 정해진 것에 대한 인정은 자신의 가능성을 낭비 없이 사용하게 하며 지금 현재에

---

17) 「조선시대 부부갈등 없었던 까닭」, 『중앙일보』, 2007. 5. 27.

대한 적응력과 인내력을 높여준다. 그러고 보면 전쟁과 세기말 같은 상황에서는 점술이 자주 거론될 수밖에 없다. 현재 자신의 상황을 점검하고 변화를 꾀하는 것이 불가피하기 때문이다.

게다가 운명이 존재한다는 생각은 허난설헌처럼 훌륭한 재능을 가졌음에도 일찍 세상을 떠야 했던 사람들에 대한 안타까움, 우리의 내적 분열을 완화하는 기능도 한다. 한 사람이 타고난 운명은 친지들의 사랑이나 애정보다 훨씬 힘이 세다. 사랑하는 사람의 죽음에 애달파 하다가도, 그 불상사가 내 능력으로 어쩔 수 없는 일이었음을 깨닫는 순간, 우리는 평온해진다. 이렇게 보면 국가나 개인에게 운명이 있다는 생각은 꽤 유용하다. 불안이나 안타까움에 시달릴 내면의 에너지를 절약해 주기 때문이다.

운명의 각본을 짜는 누군가가 있다는 초월적 세계에 대한 믿음은 고통스러운 상황에서만 힘이 되는 것은 아니다. 덴마크의 유명한 물리학자 닐스 보어(Niels Bohr, 1885~1962)는 자기 집 현관에 행운을 비는 내용의 편지를 걸어두었다. 그는 미신을 믿느냐는 한 손님의 물음에 이렇게 답했다고 전해진다.

"아니요. 그러나 사람들이 그것을 믿지 않더라도 그것이 명목상으로는 도움을 줍니다."

또한 부케티츠는 매일 별점을 읽는 어떤 사람에 대해 이야기한다.

사실 그는 그 외의 일에서는 아주 합리적인 사람이었다. 나는 그에게 그 별점을 진지하게 받아들이느냐고 물었다. 그는 흥분을 가라앉히면서 대답했다.

"당연히 믿지 않지요. 그러나 내 별자리에 관해, 궁극적으로는 나 자신에 관해 긍정적인 이야기를 읽으면 기분이 좋아지는 건 어쩔 수가 없어요."[18]

나 자신에 관한 긍정적인 예언은 나 자신의 긍정적 행동을 만들어 내기도 한다. 이것은 영화 「매트릭스」에서 예언이 작동한 것과 같은 방식이다. 예언자를 만나러 가는 도중, 네오는 모피어스에게 그녀의 말이 언제나 맞느냐고 묻는다. 그러자 모피어스는 다음과 같이 대답한다.

"이것은 맞고 틀리고의 문제가 아니야. 그녀는 안내자야, 네오. 그녀는 자네가 길을 찾을 수 있도록 도와줄 거야. 그녀는 정확히 자네에게 (일어날 일이 아니라) 필요한 말을 해준 거야. 그것뿐이야."

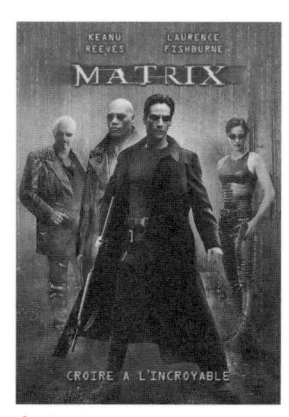
매트릭스(1999)

그래서 「메트릭스」에서의 예언은 자기 성취적이다. 예언 자체가 그 자신의 진실을 실현할 수 있게 도와준다. 마치 윌스

---

18) 부케티츠, 앞의 책, 64면, 재인용.

트리트의 긍정적인 수익 보고가 우리로 하여금 수익을 올리도록 도와주는 것처럼.

점술은 어떤 사람에게는 진실일 수 있고 또 어떤 사람에게는 통계적 가정에 불과할 수도 있다. 또 다른 어떤 사람에게는 과학의 탈을 쓴 사이비일 수도 있고, 어떤 사람에게는 길을 찾는 데 도움을 주는 나침반과 같은 것일 수 있다. 많은 경우 예언은 '일어날 일'이라기보다는 '필요한 말'이 된다. 과거에 대한 미련을 떨쳐버리게 하고, 불안 없이 미래를 위해 무언가를 예비할 수 있게 한다면, 그것이 과학적이고 체계적인가, 아니면 비합리적이고 직감적인가 하는 것은 문제 되지 않을 수도 있다. 점술에 대해서는 과학과 미신을 가르는 분기점보다는 그것의 활용 지점이 중요하다. 잘못 쓰면 독이고 잘 쓰면 약이 되는 것이다.

| 나오는 말 |

운명론자의 사랑스러운 억지와 이중성

히틀러, 스탈린, 미얀마 군부의 공통점은? 별로 어렵지 않다. 독재라는 정치 행태. 그렇다면, 히틀러, 스탈린, 미얀마 군부, 드골, 로널드와 낸시 레이건의 공통점은? 이 책을 읽고 난 독자는 쉽사리 해답을 찾았을 것이다. 이들은 모두 정치적 선택을 할 때 전속 점술가의 도움을 받았다. 박정희나 이명박과 같은 대통령이 점술가와 운명론을 어떻게 이용했는지도, 독자는 이제 알게 되었을 것이다.

그러나 어떤 권력자가 어떤 점술가의 도움을 받았다거나, 조선시대 누가 어떤 점괘를 얻었다거나, 누가 어떤 예언을 했는데 맞았다는 사실은 경이롭고 재미있지만, 그것을 기술하고 전달하는 것이 이 책의 목적은 아니었다.

인터넷에는 운세 사이트가 난무한다. 포털에 점술 배너광고도 자주 눈에 띈다. 그런가 하면, 여성지를 비롯한 대중잡지와 스포츠 신문 하단에는 전통적 방식의 점술 광고가 나온다. 광고 방식이 첨단화하고 다양해졌지만, 그런 광고에는 변함없이 등장하는 내용이 있다. 무속인이 된 내력과 과정에 대한 소개이다. 건전지, 우유, 가구, 화장품, 속옷 그 어떤 상업 광고에도 사업자가 해당 사업을 하게 된 내력을 서술하는 일은 거의 없다. 사업자가 사업의 내력을 밝히는 유일한 경우는 점술, 특히 신점神占 광고뿐이다. "잠재울 수 없는 신의 소리를 받아들였습니다." "이불 위에 앉은 조상신을 받아들일 수밖에 없었습니다…….." 짧게 혹은 길게 기술되는 내력을 보면 모두 불가피하게 무당이 되었음을 강조한다. 어쩔 수 없이 무당이 된 것은 원해서 무당이 된 것과 어떻게 다를까? 이것이 어리석은 질문이기는 하다. 요즘 세상에 누가 무당이 되기를 바라겠는가? 그렇다면, 이들은 왜 어쩔 수 없이 무당이 되었다는 사실을 광고하는 것일까?

이들이 어쩔 수 없이 받아들인 것은 단순한 직업이 아니라 '몸신'이다. 피하고 싶었지만 피할 수 없는 존재가 바로 신이다. 어쩔 수 없이 신을 받아들였다는 것은 신에 의해 선택되었음을 강조하는 것이다. 무당은 신이 집요한 의지로 선택한 사람이다. 신은 아무나 선택하지 않는다. 그러므로 그는 특별하다. 게다가 이런 광고는 평범한 사람이 무당이 되기까지의 과정을 하나의 운명으로 제시한다. 운명을 믿지 않았지만, 운명적으로 무당이 되었다는 것이다. 이런 광고는 거대한 운명의 힘을 암시한다. 그리고 더 나아가 이렇게 말하는 듯하다. "운명을 하찮게 여기지 마라. 당신에게도 운명은 있다." 이렇게 미용실에서 지루한 시간을 죽이며 읽게 되는 여성 잡지의 작은 광고에서도 나는 운명론의 강력한 메시지를 읽는다. 그 메시지는 뜻밖에 우리 생활 곳곳에 침투해 있음을,

나는 이 책에서 말하고 싶었다. 그처럼 운명적 메시지가 우리의 삶의 구석마다 잠복하고 있다면, 그것이 과연 바람직한 현상인가에 대해서도 질문할 수밖에 없었다.

내 개인적 궁금증부터 말해보자. '나와 같은 해, 같은 달, 같은 날, 같은 시에 태어난 친구들은 지금 무엇을 하고 있을까?' 가끔 궁금하다. 한때 사주팔자에 대한 이야기를 수집하는 취미가 있었기에 나 혼자 하는 공상이라고 생각했지만, 그런 이상한 것을 궁금해하는 동지들이 간혹 있었다. 나는 옛 문헌은 물론이고 텔레비전 오락 프로그램에서도 나와 같은 의문을 품었던 사람들을 만났다. 한낱 책상물림인 나에게는 나와 사주가 같은 사람들을 찾아볼 재력도 정보력도 없지만, 실제로 그런 호기심을 충족한 사람들이 있다. 얼마 전 텔레비전의 오락프로그램에서는 대통령과 사주팔자가 똑같은 사람을 찾았고, 오래전 세상을 호령했던 제왕들도 술사術士를 보내 자신과 사주가 같은 사람들을 물색한 적이 있었다.

조선 후기 학자 홍만종(洪萬宗, 1643~1725) 역시 그가 쓴 『순오지旬五志』에서 그와 비슷한 질문을 던지고 해답을 찾는다. 『순오지』에 의하면 『황명소설皇明小說』에 나오는 고황제高皇帝는 자신과 사주팔자가 같은 사람을 찾았는데 그는 가난한 평민이었고, 명나라 태조 주원장朱元璋 역시 자신과 사주팔자가 같은 사람을 만났는데 그는 거지였고, 성종成宗은 자신과 사주팔자가 같은 사람으로 미천한 집안에서 태어난 과부를 만났다. 이런 자료를 보고 홍만종은 사주팔자에 따라 정해진 운명은 없다는 것을 알게 되었을까? 아니다. 애석하게도 그것은 오히려 운명이 있음을 증빙하려고 선택한 자료들이었다.

고황제가 만난 평민은 고황제가 13성省을 통치하는 것처럼 벌통 13개를 쳐서 먹고 살았고, 명나라 태조가 만난 거지는 밤마다 태조처럼 온 천하를 다스리는 꿈을 꾸었으며, 성종이 만난 과부는 성종이 후궁을 많이 거느린 것처럼 열 명도 넘는 남첩을 거느리고 있었다.

텔레비전의 한 오락 프로그램에서는 어느 대통령과 사주팔자가 같은 사람을 찾아냈는데 노숙자였다. 그 프로그램은 시간의 제약으로 노숙자에게서 많은 것을 알아내지 못했지만, 꼬치꼬치 캐물을 시간이 있었다면 아마도 대통령과 노숙자의 공통점 한 가지쯤은 발견했을 것이다. 가령 대통령이 청와대에 들던 날 노숙자는 청기와 집에서 잠깐 노숙을 면했다거나 하는 공통점 말이다. 그리고 그런 정도의 공통점이라면 나와 전 대통령 한 분 사이에서도 찾을 수 있다. 같은 나이에 혼인했다든가, 슬하에 일남일녀를 두었다든가 하는 희미한 공통점 말이다. 그 프로그램에서는 공통점을 찾기보다는 차이점을 부각함으로써 운명은 허구라는 메시지를 던지려고 했다. "한날한시에 태어나도 누구는 대통령이 되고 누구는 노숙자가 된다. 중요한 것은 사주팔자가 아니라 삶을 대하는 성실한 태도이다." 뭐, 이런 긍정적이고 도덕적인 메시지 말이다.

우리는 의도에 따라 사주팔자가 같은 사람 사이의 공통점을 찾을 수도 있고, 또 찾지 않을 수도 있다. 그런데 왜 옛날 황제나 임금은 같잖은 공통점들을 찾아내는 것으로 어떡하든 운명이란 것의 존재를 증명하려 했을까? 아니, 그런 사례를 수집한 홍만종 같은 이의 의도는 무엇이었을까? 홍만종은 운명이 있음을 수긍하면서 이렇게 결론짓는다.

그렇기 때문에 군자는 덕과 의리를 향해서 한결같이 천명天命에만 귀를 기울일 따름이다.

사주가 같은 사람을 찾아 공동 운명을 발견하는 것은 하늘이 있음을 입증하는 일이기에 중요했다. 하늘이 있기에 그들은 선하게 살고자 했고, 악을 두려워할 줄 알았다. 오늘날 텔레비전 프로그램에서 사주가 같은 사람을 찾는 이유는 운명을 부정함으로써 인간의 노력을 강조하기 위해서이다. 현대사회에서 인간의 노력을 중시하는 것은 그것이 성공과 실패를 결정짓는다고 여기기 때문이다. 그리고 성패를 가름하는 대표적인 잣대는 연봉과 같은 자본주의적 요소이다. 의도한 것은 아니겠지만, 그 프로그램은 보는 이에 따라 운명론을 부정함으로써 자본주의 논리를 강화하는 메시지를 던진다고 생각할 수도 있다.

앞서 언급한 것처럼 과거 운명론의 가장 도덕적이고 긍정적 측면은 하늘이 만든 인간의 존재를 인정하고 착한 인간에게 하늘의 힘을, 악한 인간에게 하늘의 무서움을 알게 하려던 것이었다. 자본주의에서는 운명론을 부정함으로써 성공과 실패가 인간 주체에게 달렸다는 것을 강조한다. 그러나 이 성공과 실패는 삶의 결과일 뿐이다. 조선식 운명론이 담보했던 선善의 지향指向과 악惡의 지양止揚은 삶의 과정에서 반성과 성찰을 의미한다. 다시 말해 그런 원칙은 과거에 했던 일과, 지금 하는 일과, 미래에 하려는 일의 온갖 조목에 적용할 수 있다. 자본주의 사회에서 운명론의 부정은 성공과 실패라는 결과만을 조명한다. 반면, 조선사회에서 운명론의 긍정은 삶의 전 과정에서 선과 악을 돌아보게 한다. 자본주의 사회에서 운명론을 부정하는 태도는 삶의 다양성을 성공과 실패로 재단하는 앙상한 결과를 불러오지만, 조선사회의 운명론에 대한 긍정적인 태도는 삶의 곳곳에서 자신을 반성하게 하는 풍성한 과정을 동반한다.

조선식 운명론이 인간의 선을 고양한다는 점은 그것을 향유했던 사람들도 인식하고 있던 바였다. 그러나 운명론에는 그것을 향유하는 사람들이 알지 못하는 또 하나의 효용이 있다. 나는 이 책의 8장에서 운명을 개척하는 방법을 언급하면서 신경진에 관한 일화를 예로 들었다. 그는 신립 장군의 아들로 무과武科에 급제했으면서도 영의정과 부원군이 되었던 독특한 이력을 가진 사람이었다. 그의 일화에는 다음과 같은 또 다른 판본이 있다.

> 평성부원군 충익공 신경진이 일찍이 선전관 시절에 벽란도를 건너다가 풍파를 만나 배가 거의 뒤집힐 지경이었다. 어떤 맹인 한 사람이 울면서 말하는 것이었다.
> "혹시 귀인이 이 배에 함께 타고 계시면 그 덕으로 살 수 있을 게요."
> 그러자 옆에 있던 사람이 말하였다.
> "양반도 타고 계시고 조정의 관리도 타고 계시우."

그러자 맹인은 그들의 사주를 물어달라고 청하였다. 그리고는 점을 쳐보더니 큰 소리로 말하는 것이었다.

"이 배 안에 정승이 계시오. 이제 우리는 살았소. 이분의 운명을 보니 대제학에 부원군에 영의정까지 하시겠소."

그 말을 듣고, 신경진이 껄껄 웃으며 말하였다.

"난 선전관으로 있는 사람인데 어떻게 대제학을 한단 말인고?"

그 뒤에 그는 영의정에 이르렀고 부원군에 봉해졌다. 무릇 중국과의 사대 외교에 관한 문서는 계곡谿谷 장유(張維, 1587~1638)나 택당澤堂 이식(李植, 1584~1647) 같은 사람이 지었으나, 신경진은 그들에게 풀이하라고 명하여 듣고는, "어느 구절 어느 글자는 미안하지만 고쳐야겠소."라고 말했고, 장유와 이식은 감히 그의 말을 거역하지 못하였다. 그는 비록 대제학은 되지 못하였으나, 실제로는 대제학의 임무를 겸한 셈이었다.[1]

신경진이 풍파를 당하던 배에서 다른 사람들과 함께 살아남게 되었다는 줄거리는 앞서 소개한 내용과 거의 비슷하다. 이 판본에서 다른 점이 있다면 점쟁이의 말이 한 술 더 뜬다는 것이다. 그가 영의정과 부원

---

1) 『기문총화(記聞叢話)』 5권.

군뿐만 아니라 대제학까지 한다는 예언이 그것이다. 그런데 대제학은 기본적으로 문과 출신으로 당대의 석학으로 이름난 사람이나 하는 것이다. 실제로 신경진의 화려한 벼슬 경력에 대제학은 없었다. 그렇다면, 점쟁이의 말은 틀린 것인가? 여기서 일화의 기록자는 억지를 쓴다. 잠시라도 대제학이 하는 임무를 했으니 대제학을 겸임한 셈이라는 것이다.

나는 운명설화에서 종종 이런 '억지'를 만난다. 앞서 살펴보았듯이, 제왕과 똑같은 사주팔자를 타고난 사람이 벌통 열세 개를 가지고 있다거나, 밤에 황제가 된 꿈을 꾼다거나, 남첩을 여럿 거느리고 산다는 것도 그 자체가 거짓은 아닐 수 있지만, 공동 운명을 발견하려고 관계가 있는 것처럼 보일 만한 사실을 억지로 끌어다 붙였다는 느낌을 지울 수 없다. 억지를 써야 아귀가 맞다니, 신이 쓴 각본이 그다지 정교하지 않음을 드러내는 대목이다.

나는 이 억지가 사랑스럽다. 장유와 이식이 쓴 외교 문서를 신경진이 고친 일은 어찌 보면 예사롭게 지나갈 수 있는, 지극히 사소한 사건이다. 이 일이 '대제학의 임무를 겸한 셈'이라고까지 격상된 데에는 점쟁이의 말이 중요한 역할을 한 것이다.

나는 평민의 벌통 개수와 거지가 꾼 꿈과 여인네의 사생활과 같은 사소한 일에 의미를 부여하는 방식 가운데 하나가 바로 운명론이라고 생각한다. 운명적으로 정해진 사주팔자는 하나의 기대치로 작동한다. 그리고 그 기대가 맞았는지 틀렸는지를 묻는다. 조선시대 사람들은 주로 맞았다고 전제하고, 그것이 어느 구석에서 맞았는가를 역추적했을 것이다. 역추적하다 보니 자연스럽게 문서를 고친 일처럼 소소한 일에 의미를 부여하게 된다. 운명론이 아니었더라면 이런 인생의 작은 일들이 어떻게 문면에 떠오르고 기록되었겠는가.

우리는 운명론에서 비롯된 기대가 맞았는지 틀렸는지 호기심을 가지고 지켜보지만, 그 판단이 전적으로 객관적인 것은 아니다. 기대에 맞는 사건이나 상황을 찾아내면 맞은 것이고, 찾아내지 못하면 틀린 것이기에 맞고 틀리고의 문제는 지극히 상대적이다. 신경진이 문서를 고친 일을 신경진 자신이나 그의 지인知人 혹은 일화의 기록자가 기억해 내지 못했다면 점쟁이의 예언은 틀린 말이 되었을 것이다. 그러나 누군가는 신경진이 문서를 고친 일을 기억해 냈고, 용케 그것을 대제학의 임무와 오래전 점쟁이의 말과 연관지었다. 그리고 문서를 고친 사소한 일은 한낱 우발적인 사건을 넘어서 대제학의 임무라는 맥락에서 규정되었다. 사소한 사건에 그럴 듯한 타이틀이 붙은 것이다. 그래서 예언한 자는 용한 점쟁이가 되었고 신경진은 영의정, 부원군만이 아니라, 대제학의 임무를 겸하면서 더욱 위대해졌다. 사소한 행위를 돌아보고 그것을 더 큰 맥락에 연결하여 행위의 평가를 가능하게 하는 것, 그것이 바로 의미이다. 나는 인생을 살면서 중요한 것 중 하나가 바로 의미라고 생각한다.

살다 보면 신경진이 문서를 고친 것처럼 짧은 시간에 일어나는 일도 있고, 더 오랜 기간에 걸쳐 완성되는 일도 있다. 할애된 시간이 일의 중요성을 가늠하지는 않는다. 순식간에 일어나도 중요한 일이 있고, 오랜 시간 열중해도 별것 아닌 일이 있다. 많고 많은 일 가운데 우리가 기억할 만한 것은 의미 있는 일이다. 의미를 부여하는 방식은 여러 가지겠지만, 그 가운데 하나가 운명론이다. 운명론은 하나의 기대치로 작동하면서 사소한 사건들을 크고 중요한 맥락에서 규정짓게 한다. 그리고 그렇게 규정된 사건들을, 우리는 잊지 않고 기억한다.

그래서 운명론은 중요한 기억을 구성하는 메커니즘이라고도 할 수 있다. 어떤 친구는 이 세상을 자유롭게 헤엄쳐 다니기를 원하는 물고기자리로, 어떤 선배는 순발력 있고 민첩해서 행동도, 눈치도, 생각도 빠른 경술년庚戌年 생으로, 또 어떤 이는 경제적으로나 심리적으로 곤란한 지경에서도 돌파구를 잘 찾는 융통성 있는 눈썹 모양으로 기억된다. 출가한 딸의 일상을 꼼꼼히 챙기시는 나의 아버지가 자신의 털을 밀어 남을 따뜻하게 해 주는 양띠로 내 마음에 새겨진 것도 같은 메커니즘이다.

『삼국지』는 나에게 전반적으로 매력적인 소설은 아니었다. 그러나 지속적인 전투와 장군들의 용맹과 전쟁의 승패라는 별로 흥미롭지 않은 이야기가 계속되는 가운데 내가 지금도 잊지 못하는 장면이 하나 있다. 제갈공명이 빗속에 허탈하게 서 있던 장면이다.

공명이 이끌던 군대의 5차 북벌이 벌어지고 있었다. 차가운 공기로 폐병이 더해가던 공명은 빨리 전쟁을 끝내고 중원을 통일하려고 사마의를 죽이기로 한다. 그는 병사들에게 호리병처럼 깊숙이 파고든 호로곡 안에 지뢰를 가득 묻으라고 명한다. 사마의는 간밤에 대장성이 가물거리는 것을 보고 공명이 병을 얻었음을 간파한다. 그래서 조금 방심하고 있던 그는 위연이 제갈량의 명령을 받고 패주하는 척하면서 호로곡 안으로 유인하자 의심할 여지 없이 함정에 빠진다. 산 위에서 삼각기가 한 대 흔들리고 지뢰포가 터지기 시작한다. 사마의는 속았다는 것을 알았으나 화염 속에서 어쩔 도리가 없었다. 절체절명의 순간, 갑자기 하늘에서 소나기가 쏟아져 불이 꺼진다. 사마의는 목숨을 구하고 제갈공명은 소나기 속에서 중얼거린다.
"모사謀事는 재인在人이요, 성사成事는 재천在天이다."

하늘에서 내린 예기치 못한 소나기로 오랜 시간의 북벌은 다시 실패로 끝나고 제갈공명은 병까지 심해진다. 하늘이 원망스러운 순간, 그는 사람이 일을 꾸며도 그것을 이루는 것은 하늘이라는 진리를 되뇐다. 하늘이 할 일과 인간이 할 일이 나뉘어 있다는 것은 인간이 모든 일을 할 수는 없다는 말이기도 하지만, 인간이 할 일은 분명히 따로 있다는 말이기도 하다. 제갈공명은 그 인간의 일을 매우 성실하게 해낸 사람이다. 나는 인간이 할 수 있는 일의 최상을 제갈공명에게서 본다. 거기에 대고 하늘의 뜻에 따라 삼국을 통일한 이는 따로 있지 않으냐고 말하는 사람은 『삼국지』에서 제갈공명이 한 일이 도대체 뭐냐고 묻는 사람처럼 어리석다.

사람이 모든 일을 할 수 있다는 믿음은 허구이다. 그래서 나에게는 사람의 일과 하늘의 일을 구분하는 운명론이 더 큰 진실로 다가온다. 모든 일을 할 수 있다고 생각하는 인간은 비인간적이다. 아무 일도 할 수 없다고 생각하는 인간은 반인간적이다. 모든 일을 할 수 없다는 것을 잘 알면서도 무언가를 열심히 하는 인간이 내게는 인간적으로 보인다. 그런 의미에서 '인간적'이라는 말은 도전과 실패의 가능성을 동시에 함축한 말이기도 하다. 마치 시시포스가 끊임없이 굴러 떨어지는 바위를 계속 밀어올리는 것처럼.

인간이 할 수 있는 일이 시시포스처럼 떨어지는 바위를 계속 밀어올리는 일이라면, 바위를 정상에 우뚝 세우는 일은 인간의 몫이 아니다. 삼고초려三顧草廬 때 제갈공명은 유비의 꿈이 수고는 많고 얻는 것은 적으리라는 것을 이미 알고 있었다. 토정 이지함은 자신이 아무리 많은 재산을 쏟아부어도 부모의 무덤에 밀려드는 조수를 막는 방조제를 만들 수 없으리라는 것을 알고 있었다. 제갈공명에게 정상에 우뚝 선 바위는 삼국의 통일이었고, 토정 이지함에게는 바다를 막는 방조제였던 셈이다. 그러나 이들은 시시포스처럼 운명을 이기려고 했고, 삼국을 통일하려고 혹은 바다를 막으려고 고군분투한 순간, 인간적으로 승리했다. 나는 그들의 결과가 아니라 그들의 인간적 노력에 경외敬畏를 표한다. 나뿐만이 아니다. 『삼국지』의 편저자들과 이지함의 줄기卒記를 쓴 사관도 조심스럽지만 분명한 경외를 표한다.

이미 모든 것이 돌이킬 수 없이 정해졌다고 믿는 철저한 운명론자조차도 인간적 노력을 멈추지 않는다. 『운명론자 자크』에서 자크는 불행이 자신의 소관이 아니라고 생각하면서도 예방하려고 애쓰고, 아무리 신중하게 처신해도 불행은 예고 없이 닥친다는 것을 알면서도 여전히 신중하게 처신하려고 노력한다. 이처럼 운명론자조차도 운명을 대하는 태도는 이중적일 수밖에 없다. 그 이중성은 비록 정해진 삶이라 하더라도 그 삶을 한껏 잘살아보려는 인간 무의식의 소산이다. 거대한 운명 앞에서 인간은 정말 별 볼 일 없는 존재이지만, 인간에게는 운명만큼이나 끈질긴 노력의 가능성이 있다. 인간의 노력은 모든 것을 이룰 수 없고, 무언가를 이루는 단초조차 되지 못할 때도 있다. 그러나 자기 앞에 놓인 돌을 굴려 올리기 위해 무거운 발걸음을 옮기는 순간, 인간은 이미 위대하다. 그래서 나에게 시시포스의 이야기는 인간이 신으로부터 받은 징벌의 이야기가 아니라, 인간이 가진 힘에 대한 이야기이다. 굴러 떨어진 돌을 향해 묵묵히 걸어가는 힘. 그 돌만큼이나 굳건한 힘. 인간의 위대함은 '그럼에도 불구하고'라는 말을 만든 순간에 이미 확인되었다고 할 수 있다.

    다시 돌을 굴려 올리려고 오늘도 힘든 발걸음을 옮기는 사람들에게 이 책이 미약하나마 힘이 되길 바란다.

| 참고문헌 |

자료

구수훈, 『이순록』(『대동패림』 8, 국학자료원, 1983)

김기동 편, 『한국 문헌설화 전집』 1-10권, 태학사, 1981.

김동욱 역, 『국역 기문총화』, 1-5권, 아세아문화사, 1996-1999.

김동욱, 『국역 동패락송』, 아세아문화사, 1996.

김동욱·정명기 교주, 『청구야담』 상·하, 교문사, 1996.

김현룡, 『한국문헌설화』 1-6권, 건국대학교 출판부, 1998.

무라야마 지쥰(村山智順) 저, 김희경 역, 『조선의 점복과 예언』, 동문선, 1990.

민족문화추진회, 『국역 대동야승』 1-18권, 민족문화추진회, 1971.

박양한, 『매옹한록(梅翁閑錄)』(서대석 편저, 『한국문헌설화집요』, 집문당, 1991)

서거정, 『태평한화골계전』(박경신 역, 『태평한화골계전』, 국학자료연구원, 1998)

서거정, 『필원잡기』(『대동패림』 29, 국학자료원, 1993)

성대중 『청성잡기』(박소동 역, 『궁궐 밖의 역사』, 열린터, 2007)

성현, 『용재총화』(『국역 대동야승』 1권, 민족문화추진회, 1971)

소재영·박용식 편, 『한국 야담사화 집성』 1-5권, 태동, 1989.

손진태, 『한국민족설화의 연구』, 을유문화사, 1982.

신귀선·유화수·이월영 역, 『고금소총』, 한국문화사, 1998.

유몽인, 『어우야담』(신익철 외 역, 『어우야담』, 돌베개, 2006)

이덕형, 『죽창한화(竹窓閑話)』(민족문화추진회 역, 『대동야승』 17권, 민족문화추진회, 1971-1979)

이륙, 『청파극담(靑坡劇談)』(민족문화추진회 역, 『대동야승』 2권, 민족문화추진회, 1971-1979)

이수광, 『지봉유설』: 누리미디어 학술DB.

이신성, 『졸음을 물리치는 가지각색의 이야기: 교수잡사(攪睡雜史)』, 보고사, 2003.

이우성 역, 『동패락송』, 아세아문화사, 1990.

이우성 역, 『청구야담』 상·하, 아세아문화사, 1985.

이정형, 『동각잡기』, 국립중앙도서관본.

이행, 『동국여지승람』(민족문화추진회 역, 『신역 국편 동국여지승람』, 한국학술정보, 2007)

임방, 『천예록(天倪錄)』(김동욱 외 역, 『천예록(天倪錄)』, 명문당, 1993)

정명기 편, 『동야휘집』 상·하, 보고사, 1992.

정신문화연구원, 『한국구비문학대계』, 정신문화연구원, 1983.

정재륜, 『공사견문록(公私見聞錄)』(민족문화추진회 역, 『대동야승』 9권, 민족문화추진회, 1971-1979.)

최웅 역, 『주해 청구야담』 1-3, 국학자료원, 1996.

최한기, 『인정(人政)』(민족문화추진회 역, 『국역 인정』 1-5, 한국학술정보, 2007)

헤로도토스 저, 천병희 역, 『역사』, 도서출판 숲, 2009.

홍만종 저, 구인환 역, 『순오지』, 신원문화사, 2003.

홍만종 저, 정용수 역, 『고금소총·명엽지해』, 국학자료원, 1998.

『조선왕조실록』, 국사편찬위원회, 1973: 동방미디어 학술DB.

『파수록』, 서울대본(김기동 편, 『한국문헌설화전집』 7권, 1981)

사전과 도록

경기도 박물관, 『초상, 영원을 그리다』, 경기도 박물관, 2009.
국립민속박물관, 『수복: 장수를 바라는 마음』, 국립민속박물관, 2007.
국립중앙박물관, 『조선시대 풍속화』, 국립중앙박물관, 2002.
김준근, 『기산풍속도첩』, 범양사, 1984.
문화재청, 『한국의 초상화: 역사 속의 인물과 조우하다』, 눌와, 2007.
이주은, 『빅토리아의 비밀』, 한길아트, 2005.
조흥윤 편, 『민속에 대한 기산의 지극한 관심』, 민속원, 2004.
최완수, 『겸재의 한양진경』, 동아일보사, 2004.
한국정신문화연구원, 『한국민속문화대백과사전』, 1991: 국회도서관 학술DB.

낸시 헤더웨이 저, 신현승 역, 『세계 신화 사전』, 세종서적, 2004.
존 그리피스 페들리 저, 『그리스 미술』, 예경, 2004.
토마스 불핀치, 『그리스 로마 신화』: 국회도서관 학술DB.
프란체스카 마리니 외 저, 최경화 역, 『카라바조』, 예경, 2008.
피에르 그리말 저, 최애리 외 역, 『그리스 로마 신화 사전』, 열린책들, 2003.

단행본과 논문

강순명,「현대 점복행위에 나타난 음양오행사상 연구」, 서강대 석사논문, 2006.
강진옥,「虎食과 그 해결방안을 통해 본 운명론 극복 양상」,『한국 고전소설과 서사문학』下, 집문당, 1998.
김만태,「점복 신앙의 미학적 의미」,『종교연구』52집, 한국종교학회, 2008.
김민조,『팔자. 정말 있을까』, 소래, 2008.
김영재,『점복문화 배경의 여성 내담자를 위한 상담전략의 모색』, 숙명여자대학교 박사학위논문, 2004.
김학수,『끝내 세상에 고개를 숙이지 않는다』, 삼우반, 2005.
박용식,『고소설의 원시종교사상연구』, 일지사, 1992.
박정윤,「왕충의 운명론과 제한적 자유」,『철학연구』33집, 고려대학교 철학연구소, 2007.
백승종,『한국의 예언문화사 : 문자로 기록된 한국 예언문화의 1,350년 역사』, 푸른역사, 2006.
백승종,『정감록 역모 사건의 진실게임』, 푸른역사, 2006.
백승종,『예언가 한국 역사를 말하다』, 푸른역사, 2007.
사마천 저, 이인호 편역,『사람에게 비추어 시대를 말하다: 사기열전 上』, 천지인, 2009.
손찬식,「북창 정렴 전승 연구」,『국어교육』63집, 한국어교육학회, 1988.
신월균,『풍수 설화』, 밀알, 1994.

신원봉,『인문으로 읽는 주역』, 부키, 2009.

안인희,『북유럽신화』, 웅진지식하우스, 2007.

이명옥,『팜므파탈』, 시공사, 2008.

이부영,『자기와 자기실현』, 한길사, 2002.

이윤기,『그리스 로마 신화』, 웅진닷컴, 2000.

이윤기,『길 위해서 듣는 그리스 로마 신화』, 작가정신, 2002.

이이화,『역사인물 이야기』, 역사비평사, 1989.

이이화,『한국사 이야기 13: 당쟁과 정변의 소용돌이』, 한길사 2001.

이이화,『한국사 이야기 14: 놀이와 풍속의 사회사』, 한길사, 2001.

이창일,「천근과 월굴-『주역』의 그림과 자연주의적 사유」,『기호학연구』22집, 한국기호학회, 2007.

이창일,『소강절의 철학: 선천역학과 상관적 사유』, 심산출판사, 2007.

이창헌,『이야기문학 연구』, 보고사, 2005.

이추우 저, 남종진 역,『주역이야기』, 다산미디어. 2008.

이현희,『이야기 인물 한국사』, 청아출판사, 1997.

정승안,「한국 사회에서 점복의 사회적 의미」, 부산대학교 석사학위논문, 1998.

정재민,「한국 운명설화에 나타난 운명관 연구」, 서울대학교 박사학위논문, 1998.

정재민,「설화에 나타난 한국인의 행복관」, 서대석 외,『한국인의 삶과 구비문학』, 집문당, 2002.

정재민,『한국 운명설화 연구』, 제이앤씨, 2009.

정재서,『이야기 동양 신화』1-2권, 황금부엉이, 2004.

조용헌,『조용헌의 담화』, 랜덤하우스, 2007.

최선혜, 「조선전기 국왕의 점술 맹인 활용과 그 의의」, 『역사학연구』 제33집, 역사학연구회, 2008.
한국민속학회 편, 『무속신앙』, 민속원, 2008.
황경신, 『그림같은 신화』, 아트북스, 2008.

그레이엄 저, 이창일 역, 『음양과 상관적 사유』, 청계출판사, 2001.
니콜 에덜만 저, 류재화 역, 『점술과 심령술의 역사』, 에코라이브러리, 2008.
로버트 길로비치 저, 이양원·장근영 역, 『인간 그 속기 쉬운 동물: 미신과 속설은 어떻게 생기나』, 모멘토, 2008.
루치아 임펠루소 저, 이종인 역, 『그리스로마신화, 그림으로 읽기』, 예경, 2008.
리처드 와이즈먼 저, 『괴짜 심리학』, 웅진지식하우스, 2008.
리차드 테일러 저, 엄정식 역, 『형이상학』, 서광사, 2006.
뤽 페리 저, 임왕준 역, 『사는 법을 배우다』, 기파랑, 2008.
마르틴 우르반 저, 김현정 역, 『사람들은 왜 무엇이든 믿고 싶어할까?』, 도솔, 2008.
마샬 샬린즈 저, 김성례 역, 『문화와 실용논리』, 나남, 1991.
베티 폰햄 라이스 저, 김대웅 역, 『여신들로 본 그리스 로마 신화』, 두레, 2007.
샤를 페펭 저, 정혜용 역, 『7일간의 철학여행』, 현대문학, 2008.
슬라보예 지젝 저, 이운경 역, 『매트릭스로 철학하기』, 한문화, 2003.
시라카와 시즈카, 우메하라 다케시 대담, 이경덕 역, 『주술의 사상』, 사계절, 2008.
시모어 채트먼 저, 김경수 역, 『영화와 소설의 서사구조』, 민음사, 1990.
앤소니 기든스 저, 황정미 역, 『현대사회의 성·사랑·에로티시즘』, 새물결, 1996.
윌리엄 브로드 저, 김혜원 역, 『신탁』, 가인비엘, 2007.

토마스 벌핀치 저, 이윤기 편역, 『사랑의 신화』, 창해, 2000.
풍우, 『동양의 자연과 인간 이해』, 논형, 2008.
프란츠 M. 부케티츠 저, 원석영 역, 『자유의지, 그 환상의 진화』, 열음사, 2009.
프레이저 저, 신상웅 역, 『황금가지』, 동서문화사, 2007.
키스 안셀 피어슨 저, 서정은 역, 『How to read 니체』, 웅진지식하우스, 2007.

신문·뉴스

" '부귀' 잡으려면 솥바위를 품어라", U포터뉴스, 2007. 4. 30.
"도대체 占이 뭐기에", 『위클리조선』, 2006. 2. 8.
"미얀마 군정, 점술에 꽂히다", 『내일신문』, 2009. 1. 15.
"백화점 문 열자 '붉은 속옷' 불티 왜?", 『한겨레신문』, 2009. 3. 3.
"조선시대 부부 갈등 없었던 까닭", 『중앙일보』, 2007. 5. 27.
김형효, "운명과 자유", 『서울신문』, 2006. 10. 12.
안대회, "도덕을 점치는 소경", 『한겨레』, 2008. 10. 31.
이규원, "대한민국 명당이 어디인지 알고 싶으신가요?", 『세계일보』, 2006. 9. 1.
이종호, "인간이 만든 창작품 '점'(2)", 네이버뉴스, 2005. 1. 31.
이종호, "인간이 만든 창작품 '점'(1)", 네이버뉴스, 2005. 1. 21.

오래도!
운명의 숲을 지나다

1판 1쇄 발행일 2009년 10월 15일

지은이 | 류정월
펴낸이 | 임왕준
편집인 | 김문영

펴낸곳 | 이숲
등록 | 2008년 3월 28일 제301-2008-086호
주소 | 서울시 중구 장충동2가 114-2 동아빌딩 302호
전화 | 2235-5580
팩스 | 6442-5581
홈페이지 | http://www.esoope.com
블로그 | http://blog.naver.com/esoope
e-mail | esoope@korea.com
ISBN | 978-89-961252-8-0 03810
ⓒ 류정월 2009, printed in Korea.

- 이 책은 저작권법에 따라 보호를 받는 저작물이므로 무단전재와 복제를 금지하며, 이 책 내용의 전부 혹은 일부를 이용하려면 저작권자와 이숲의 서면동의를 받아야 합니다.
- 이 도서의 국립중앙도서관 출판시도서목록(CIP)은 e-CIP 홈페이지(http://www.nl.go.kr/ecip)에서 이용하실 수 있습니다.(CIP제어번호: CIP2009003006)
- 이 책에 수록된 도판의 저작권을 보유하신 분은 본사로 연락 바랍니다.